예배란 무엇인가

내일을여는지식 종교 11

예배란 무엇인가

왜 하나님은 우리를 당신의 예배에 부르셨는가?

구금섭 지음

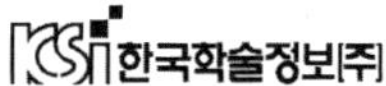
한국학술정보㈜

머리말

진정한 기독교의 개혁정신에 의한 예배는 말씀과 성례전이 수반되는 예배의식을 말한다. 그러기에 칼빈은 진정한 교회는 "말씀이 바르게 선포되고 성례전이 진정으로 집례 되는 곳"이라고 정의한다.[1]

개신교에서는 제2차 세계대전 이래 예배학에 대한 참신하고 의욕적인 관심을 갖기 시작하였으며[2] 1960년대부터는 가톨릭교회까지도 예배갱신을 외치기 시작하였다. 이러한 예배학에 대한 깊은 관심과 예배신학의 변천은 예배형태의 변화를 가져왔다. 첫째, 예배요소에 있어서 말씀과 성례전을 강조하고, 회중이 구경하던 예배에서 공동예배의 형태를 취한 점과, 둘째, 예배표현에 있어 고전적 언어를 현대어나 자국어로 표현한 점, 셋째, 예배형식(style)의 변화를 축제의식을 수용하여 장소, 시간, 순서 등에 반영하려고 한 점 등으로 열거할 수 있다.

모든 종교에는 예배가 있다. 기독교도 예배의 종교이다. 그러나 기독교의 예배는 다른 종교의 예배행위와는 다르다. 기독교의 예배

---

1) John Calvin, <u>Institutes of the Christian Religion</u>, ed., J. T. McNeill, (Philadelphia: The Westminster Press, 1967), Ⅳ, 1.5. 이후로는 'Inst'로 표기한다.

2) Donald Macledod, <u>Presbyterian Worship</u>, (Rechimond: John Knox Press, 1965), p.10.

는 하나님의 명령에 의한 것이며, 성경의 계시에 기초한 예배이다.[3] 그런고로 성경에 합당한 예배정신과 예배방법인가에 따라서 참된 기독교의 교회인가 그렇지 못한가가 판가름 나는 것이다. 여기에 신학의 갈림길이 있고, 예배신학[4] (Theologia Liturgica)의 토론이 있게 된다. 예배를 뜻하는 구약의 어원은 '히쉬타하바(חבהתתשה)'[5]이다. 이 단어는 원래 '절하다', '엎드리다' 혹은 '부복하다'를 의미한다. 또 다른 중요한 단어는 '아바드(עבד)'이다. 이것은 '일하다, 봉사하다, 섬기다'를 뜻한다. 그리고 신약의 예배라는 어휘를 보면 '프로스퀴네오(προσκυνεω)[6]'이다. 이 말은 '절하다, 굽어 엎드리다'를 의미하며, 다음은 '라트레이아(λατρεια)'라는 단어인데 예수께서 "다만 그분만을 섬기라"고 사단에게 시험받을 때 최종적으로 선언한 말이다. 그 외에 예배의 의미로 사용하는 '레이투르기아(λειτουργια)'는 일반적으로 예전의 의식과 관계를 맺는 단어이다. 이 말은 그리스도인들이 믿음과 순종으로 하나님께 바치는 봉사의 의미로 더욱 뚜렷하게 나타난다. 그래서 이 단어는 제사장의 직무(눅 1:23), 그리스도의 직분(히 8:6), 교회의 예배 (행 13:2)등을 표시하는 구체적인 단어가 되었다. 끝으로 영어에서 표현하는 'Worship'이라는 말은 앵글로색슨어 'Weothscipe'에서 유래했는데 그것이 'Worthship'이 되었다

---

3) Ralph G. Turnbull, <u>Dictionary of Practical Theology</u>, (Grand Rapids: Baker Book House, 1976), p.364.

4) 예배신학은 예배에 대한 신학적 접근이다. 이것은 하나님과 그의 백성 사이에서 일어나는 모든 형태를 포함한다. 세분하여 말하면 첫째, 예배의 역사, 둘째, 예배의 기술과 예술, 셋째, 예배신학으로서 교의학의 기초가 되는 여러 분야와 예배와의 관계를 고찰하면서 신학적 이해를 한다. 예배신학에서 특별히 다루는 문제들은 예배의 예전적 성격, 세례, 죄의 고백, 신앙고백, 설교, 기도, 성만찬 등을 다루게 된다.

5) 정규남, "구약에 있어서는 예배," 「성경과 신학」 (1988.9), pp.5〜25.

6) 최희범, "예배란 무엇인가," 「어린양」 1989.8, p.24.

가 'Worship'이란 말로 변화된 것으로 가치(Worth)라는 말과 신분 (Ship)이라는 말의 뜻을 가진 합성어이다. 이 말의 뜻은 '가치를 돌린다(to Ascribe Worth)'는 것이다. 곧 하나님을 예배하는 것은 그에게 최상의 가치를 돌리는 것을 의미한다.

이와 같은 어원적 고찰을 통해서 이해할 수 있는 것은 '예배하다'란 말은 근원적으로 하나님께 경배하거나 섬기는 행위를 가리킨다는 것이다. 그러므로 예배하러 가는 것은 어원적으로 '무엇을 하나님으로부터 받으려고' 가는 것이 아니라. 오히려 '하나님께 무엇을 드리고 섬기는 것임'을 제시해준다.

기독교의 예배를 포괄적으로 말하면 그리스도인들이 그리스도를 중보로 한 하나님과의 만남이다(히 9:11~19, 10:19~25). 하나님이 영적으로 임재하셔서 말씀으로 예배자에게 오시는 것이고 예배자는 믿음에 의하여 전인격적인 응답을 하는 것이다(히 9:21, 행 13:2). 예배의 대상인 영화로우신 하나님의 존엄성을 인식하고 은총을 깨달은 하나님의 백성만이 감사와 찬양과 고백과 헌신으로 응답하는 참된 예배를 드릴 수 있다. 하나님을 바로 인식하고 합법적인 예배로 하나님과 참된 만남을 갖는다는 것은 교회의 존재 이유이며, 인간생활 중 인간이 할 수 있는 지고한 행동이다. 이와 같이 예배자는 예배를 통하여 삶의 의미와 목적을 부여하시는 하나님과의 인격적인 접촉을 나누게 되며, 이와 같은 만남을 통해 예배자는 이 타락한 세상에서 희망을 가지고 살 수 있는 힘과 용기를 얻게 된다.

또한 하나님께서 요구하시는 예배는 율법의 인식 아래서 드려지는 것이나(이사야 66:3~4) 자신의 어떤 의식적 행동이 범죄를 속하기 위한 방편으로 생각하고 의식에 매달리는 예배가 아니다. 생명의 모체인 예수 그리스도와 합하여 하나 되고 신령과 진정으로 하나님을 찬송하는 영적인 예배이다(요 4:24). 그러므로 예배는 예수 그리스도를 통한 계시에 근거하는 것이다. 예배는 우리 인간의 목적으로부터 시작되는 것이 아니고, 하나님의 뜻에서부터 기인되는 것이다. 예배는 구속에 대한 하나님의 주체성에서 유래된다. 예수 그리스도께서 우리에게 오셨으므로 우리는 하나님께 나오게 된 것이며, 하나님께서 먼저 우리를 사랑하셨으므로 우리가 그를 사랑하는 것이며, 그가 자신을 우리의 완전한 감사와 확신의 대상으로 우리에게 나타내 보이셨으므로 우리가 그를 가장 존귀히 여기는 것이다. 예배란 본질적으로 하나님께서 우리의 구원을 위해 이루신 구원역사와 은혜의 말씀에 대한 인간의 응답이다. 교회는 예배에 의해서 자기 자신을 인식하며 예배에 의해서 자기 자신을 구별된 실체로 고백한다. 예배로 하여금 교회의 참된 본질을 나타나게 한다. 교회는 말씀과 성령에 의하여 그리스도 안에서 참 하나님을 인식하고 바르게 예배드리는 사람들의 공동체이기 때문이다. 예배는 하나님의 초청에 의해서 응답하는 하나님과 예배자와의 대화(Dialogue)와 만남(Encounter)이라고 하겠다. 예배의 본질은 하나의 사건으로서 말씀과 성례전에서 성령의 역사를 통한 그의 백성들과의 만남인 것이다.

하루의 첫 태양이 머무는 큰 나무 아래에서

월사 구 금 섭

contents

I

서 론

선교 100주년을 넘기고 2세기에 접어든 한국 교회는 물량적인 면에서 "세계선교사의 기적"이라 괄목할 만한 부흥을 가져왔다. 미국 월스트리트 저널지의 보도대로 "현재 서구에서 일부 활력을 잃어가는 기독교를 아시아에서 부흥시켜 줄 신(God)이 부여한 일종의 성역"[7]이란 말을 들을 정도가 된 것이다. 그러나 선교에만 집중하였던 한국이란 상황 속에서 예배는 너무 무기력하다. 필자가 한국 개신교회의 예배를 면밀하게 통찰하고 진단하면서 두 가지 놀라운 사실을 발견했다. 하나는 교역자와 평신도들이 열심을 다하여 자주 예배드린다는 사실이요, 다른 하나는 힘과 정성을 쏟는 일에 반하여 예배의 기본목표를 충분히 달성하지 못하고 있다는 점이다. 일반적으로 한 주간에 드리는 예배는 새벽기도회 7회, 주일 낮 예

---

7) 「서울신문」, 1983년 5월 14일.

배 1회, 또는 그 이상, 주일 밤 예배 1회, 수요일 밤 예배 1회, 구역예배 1회, 철야예배 1회 등 모두 합쳐 12회나 된다. 이렇게 많은 횟수의 예배시간을 설정해 놓고 있음에도 불구하고 예배다운 예배가 되지 못한 것은 하나님의 은총에 감격하여 기쁨에 응답하는 자세보다는 관람자로, 순종과 결단의 태도보다는 듣는 것으로 복 받으려는 물질적이고 이기적인 방편으로 생각하는 경향이 있다는 비판도 들었다.[8]

또한 기독교 예배의 보화인 주의 만찬 (the Lord's Supper)을 소홀히 해왔다. 이 성찬은 주님께서 직접 명령하신 진귀한 은혜의 방편이 아닌가? 들려지는 말씀은 보여주는 말씀인 성만찬을 통하여 그리스도를 만나고 생명을 얻어 그리스도의 구속과 그 은혜를 감사하고 영광을 돌리는데 확증토록 하는 것이다.

그리고 예배자의 공동체 의식이나 함께 살아가는 생활과 함께 하나님의 일에 참여하는 의식이 시급하다. 특히 한국 교회가 세속주의에 오염되어 교회의 본질과 사명을 잃어가고 있다는 점에서 교회 갱신이 절실히 필요하게 되었다. 문제는 교회 갱신이 단순한 혁신이나 쇄신만을 의미하는 것이 아니라, 초대교회와 종교개혁의 예배정신을 이어 받은 교회의 모습으로 회복해야 한다.

1979년에 정용섭은 교회 갱신의 첫 과제로서 예배 갱신의 필요성을 지적하고 나섰다.[9] 그는 말하기를 "예배 갱신은 오늘 우리 교회가 당면한 최대의 과제이다. 교회 안에서 사용되어온 '갱신'이라는 용어는 교회 자체가 순수하게 새로워지는 것을 의미한다"고 한

---

8) 박근원, "예배 갱신과 선교," 「복된 말씀」 1976년 2, 3월호.
9) 정용섭, 「교회 갱신의 신학」 (서울:기독교서회, 1979), p.15.

랜돌프(Davis J. Randolf)의 말을 인용하였다.[10] 그는 몇 가지로 예배갱신의 문제를 제기하였는데 첫째는 설교와 성례전의 균형을 이루는 예배 갱신을 말했다. 그리고 둘째는 공동체로서의 예배를 강조했다. 셋째는 열광주의와 무절제한 것을 문제 삼고 오늘의 한국 교회 안에서의 이교적이고 샤머니즘적인 요소들이 제거되어야 한다는 것이다.[11]

정장복은 100년 전에 이 땅에 전하여 준 선교사들의 예배 방식이나 순서가 수정이나 보완이 없이 답습하는 것을 문제 삼고 예배신학을 수립하여 그것을 개선하려는 노력도, 책임도 없음을 개탄하였다.[12]

소의수의 "한국 장로교회의 예배 갱신 원리와 실제 연구"라는 논문은 한국 교회의 예배 문제를 심층적으로 다룬 좋은 작품이었다.[13] 미국으로 건너간 청교도의 후예들이나 미국 프로테스탄트 교회의 예배는 메마른 배경을 가지고 있으며, 미국 선교사들이 전해 준 한국 교회가 전승한 예배도 메마른 예배라고 주장했다.[14] 그는 예배에 대한 갱신의 실제로서 다음과 같은 것을 제안했다. 즉 ① 예배에 대한 바른 인식 ② 예배신학의 확립 ③ 개인주의 극복 ④ 축제의 의미 회복 ⑤ 주정주의와 감상주의 극복 ⑥ 말씀과 성만찬

---

10) Ibid., p.22. 무엇을 어떻게 갱신하는지는 구체적으로 밝히지는 않았으나 필자가 생각하는 개혁이란 의미와는 다르다. 갱신(Renewal)은 단순히 새롭게 고치는 정도라면 개혁은 성경대로 다시 돌아간다는 뜻이다.

11) Ibid., pp.16~21.

12) 정장복, "예배를 다시 생각해 본다." 목회자를 위한 10차 전문 과정 강의안(1981).

13) 소의수, "한국 장로교회의 예배 갱신 원리와 실제 연구," (목회학 박사 학위 논문, 아세아연합신학대학원, 1986).

14) Ibid., p.129.

의 균형의 회복 ⑦ 샤머니즘과 이교적인 요소 극복 ⑧ 교회력과 성서일과에 대한 이해와 도입 등을 지적하고 예배와 생활의 조화를 주장했다.

이러한 주장들은 앞서의 정용섭의 입장과 다를 바 없으나, 한국 교회의 예배 문제를 실제적으로 분석하고 예배신학의 수립을 위한 노력을 읽을 수 있다. 그러나 앞에서 학자들이 지적한대로 단순히 예배의 형식만 고치고 첨가하였다고 하여서 갱신이 되는 것이 아니다. 구원하시는 하나님의 말씀 위에 근거하고 보여주시는 말씀인 성만찬을 통하여 하나님은 심판주인 동시에 구세주이시며 인간은 죄인인 동시에 그리스도 안에서 의인됨을 깨닫고 체험함으로 구원의 기쁨을 갖고 예배를 드리도록 하여야 할 것이다. 이것이 종교개혁의 예배 정신을 이어받은 교회로 회복되는 것이다.

위에서 언급한 학자들의 최근의 노력들은 한국 교회의 예배 문제를 제기하였고 예배에 대한 더 넓은 토론의 광장으로 이끌려고 노력하였다. 교회 갱신이 교회 본질과 기능을 회복하는 것이라면 이는 예배갱신으로 가능케 된다. 바르트(Karl Barth)는 "만일 갱신이 예배에서 되지 않는다면 다른 곳에서도 되지 않는다"15)라고 말하고 있다. 교회 갱신이 예배 갱신을 통하여 이루어진다고 할 때 그 원리가 무엇인가 하는 문제가 제기된다. 그 원리는 칼빈과 같이 완전한 표준은 성서와 초대교회의 전통에서 찾아야 한다. 종교개혁 원리가 이에서 나온 것이기 때문이다. 오로지 하나님의 영광을 위하여 목숨을 바치는 삶을 추구하던 개혁정신에 입각하여 하나님의 절대 주권 앞에 완전히 무릎 꿇어 경배하는 예배로 오직 하나님께

---

15) 정용섭, p.6.

만 영광을 돌려 드리려는 예배이어야 한다. 죄로 말미암아 죽어가는 인간들을 하나님이 외면하지 않으시고 예수 그리스도로 성육하여 인간의 역사 속에 들어와 인간을 구원하신 하나님의 은총이 너무 크시기에 인간은 예배를 통하여 하나님 앞에 나아가 전인격적인 감격 속에서 감사와 보답의 표현을 하는 것이다. 예배의 본질은 자신을 예배의 현장으로 오게 해 주신 예수 그리스도의 구속사를 깨닫지 않고 하나님의 존전을 찾는 다는 것은 불가능한 것이다. 오직 예수 그리스도를 중심으로 성령과 함께 하나님께 영광을 돌려 드리는 예배가 되어야 한다.

1. 연구 동기와 목적

교회가 진정한 교회로 존재하려면 "개혁하는 교회"(Ecclesia Semper Reformanda)가 되어야 한다. 이것은 16세기 종교개혁자들이 교회 갱신을 위해서 내세운 표어였다.[16)]

역사적으로 종교개혁자들의 근본 개혁 의도는 신앙 전체 내용을 새로운 각도에서 파악하는데 있었다. 그리스도와 성령 안에서 하나님의 계시를 새롭게 이해하고, 새로운 창조를 받을 수 있는 것은 개인의 영혼이 공동체 안에서 그리스도와 직접적인 연합의 만남인 예배에 있다고 보고 개혁한 것이 종교개혁이었다.

종교개혁자들의 개혁은 교회 갱신에 있었고, 그 교회 갱신은 직접적으로 예배개혁을 통하여 일어났다. 곧 전통 위주에서 성서 중

---

16) Colin W. William, 「교회」 이계준 역 (서울：대한기독교서회, 1973).

심으로, 형식 중심에서 말씀 중심의 예배로 변화되었고, 성찬의 실질을 회복하는데 노력하였으며, 성직자 중심에서 평신도의 능동적인 참여의 예배가 주장되었다.

종교개혁 이후 프로테스탄트교회는 생활과 직무에 있어 예배의 위치와 중요성을 재발견했다. 그것은 중세기 가톨릭교회의 예배가 성직자와 수도사들의 전문분야로서 일반교인은 예배에 별로 관심을 가질 수 없었다. 복음서를 낭독할 때 기립하고, 축성[17]할 때 무릎 꿇는 행위[18]와 사제나 성직자들의 말의 분명한 발음과 뜻을 알아듣지도 못하면서도[19] 그들은 예배를 참석하고, 책임을 이행하고 있다고 생각하였었다.

이와 같이 예배자들의 참여와는 아무런 상관이 없는 미사가 개혁자들을 통하여 "신앙과 예배의 기초로서 말씀에 강조점을 두고"[20] 예배의 중심의 자리에 설교를 두었고 미사(Mass)가 주의 만찬의 교제(Communion of the Lord's Supper)로 그 형태가 바뀌어졌다.

이러한 예배 개혁(Liturgical Reform)은 현대신학에 있어서도 새로운 관심이 되고 있다.[21] 그 이유는 예배가 말씀과 성례전으로 구성되어졌는데 종교개혁 이후 개혁자들의 정신과 성서적 예배의 본질에서 떠나 말씀과 성례전의 불균형에 대한 자각과 16세기 이후 경

---

17) 사제가 떡과 포도주를 들어 올리는 행위(필자 주)

18) 서방교회에서 성찬용 떡과 포도주 앞을 지나갈 때와 그 밖의 경우에 의식적 경의감을 표시하기 위해서 잠시 동안 몸은 꼿꼿이 세우고 오른쪽 무릎만 꿇는 행위를 가리킨다. 양쪽 무릎을 다 꿇고 머리를 숙이는 행위는 떡과 포도주가 밖으로 드러나기 직전에만 행한다. 이런 의식적 요소는 예배가 희생제라는 것이나, 예수 그리스도의 대속을 약화시키고 있다.

19) 예배자가 알아듣지도 못하는 미사의 언어인 라틴어로 행하여졌다.

20) Raymond Abba, 「기독교 예배의 원리와 실제」 허경삼 역 (서울:대한기독교서회, 1981), p.37.

21) Frederoic W. Schroeder, Worship in the Reformed Tradition (Boston:United Press, 1966), P.13.

건주의 영향으로 개인주의적인 예배의 확대와 이교 문화권에 복음 전파와 함께 이교적 예배의 침투로 예배가 변질되어졌기 때문이다. 그리하여 20세기 초부터 많은 신학자들이 루터와 칼빈 같은 개혁자들이 가졌던 예배의식을 생각하면서 예배내용을 찾자는 운동이 일어났고, 이는 예배가 교회 생활의 중심적 위치로 회복되어야 하고 그것은 초대교회의 모형으로 돌아갈 때만 가능하다고 강조하게 되었다.

하나님은 어린 양 예수 그리스도를 통하여 자신의 본성을 계시하였고, 지고한 사랑을 행동으로 표현하였다. 그러므로 예배는 하나님의 본성(Nature)과 행위(Action)에 대한 인간의 응답(Response)이라고 볼 수 있다. 계시와 응답으로서의 예배는 말씀을 통한 하나님과 사람 사이의 대화요, 그리스도의 사제적(Priestly)행동과 신비스런 제의적 중재를 통한 교제이며, 그리스도의 은혜를 힘입어 드리는 자기 위임적 응답이다.

또한 그리스도교 예배는 하나님의 초청에 의해서 응답하는 하나님과 예배자와의 만남(Encounter)이다. 교회의 구약적 용어는 "카할"(קהל)이다. 이는 하나님의 백성을 뜻하고, 하나님의 백성은 예배하는 공동체이다. 이 공동체의 표현이 신약에서 "그리스도의 몸"이라는 개념으로 이해된다. 여기에서 부르시는 하나님과 그리스도의 주권을 높이는 공동체의 행위가 예배를 통하여 "코이노니아"(성도의 교제)가 이루어지는데 이 예배를 통한 하나님과의 사귐에서 봉사 또는 선교가 파생된다.22) 그것은 예배가 단순한 제의적 행위만이 아니기 때문이다.

---

22) Ibid., p.15.

그리스도 안에서 선교와 봉사를 통하여 세상을 섬기는 증인의 삶으로 구현되는 것은 교회를 성별하신 하나님의 뜻이기 때문이다(벧전 2:9~10). 예수 그리스도의 성육신의 사건이 초점이 되어 말씀과 성만찬으로서 선포하고 기념한 것이 초대교회의 예배였고, 이것이 예배의식으로 발전되어 왔다. 그런데 1517년 동안 지켜왔던 예배의식을 개혁하는데는 예배를 반대하기 위한 것이 아니라 교리가 구체화 된 예배의식의 일부분을 제거하는 데 있었다. 칼빈을 중심으로 한 개혁교회들이 가톨릭의 예배의식을 대폭적인 수정을 가했으나 근본적인 정신을 최대한 지속시키는데 관심을 가졌고, 개혁의 완전한 표준은 성경과 초대교회의 관습이었기 때문에 말씀과 성례전의 균형 예배를 이상으로 하였다.[23] 곧 "장식과 의식의 상징은 하나님의 영광을 깎아 내리는 비성서적인 것으로 간주"[24]하여 단순한 예배로 환원하였다. 즉 이교적(異敎的) 예배의 정신이나 영감 없는 찬송, 신학 없는 의식이나 장식은 배제하였다.

소의수는 한국교회 예배의 문제점을 다음과 같이 지적하였다. 첫째, 교회에 설교를 들으러 가는 것이라는 의식이다. 둘째, 경건주의 영향 아래 프로테스탄트 예배가 지배해온 확대된 개인주의가 팽배되었다. 개인주의적인 생각을 가진 교인을 공중예배의 새로운 깊이로 이끌어 주어야 하는 과제가 주어져 있다. 셋째, 부흥회와 특수집회 현상에 동반해오는 감상주의 내지 주정주의 경향이다. 넷째, 교회에 깊이 뿌리박힌 이교적 샤머니즘적 요소의 문제이다. 다섯째, 예배자의 자세로 의식의 몸가짐(Liturgical Gesture)이 바로 되지

---

23) Abba, p.39.
24) Inst., Ⅳ. 10. 9:14.

못한 점이다.[25] 다시 말하면 실제적으로 예배신학 없는 예배가 드려지고 있으며, 하나님의 부르심에 인간의 응답으로서의 예배가 되어 있지 못하고, 지나치게 개인주의적이고 인간의 삶을 외면한 형식적이요, 의식적인 예배를 벗어나지 못하고 있으며 구원의 역사를 기뻐하는 기쁨을 잃어버린 예배가 되고 있다는 것이다.

그의 말에 모두 다 공감할 수는 없지만 예배신학의 확립이 중요한 과제임은 틀림이 없다. 여러 학자들의 말처럼 공동체로서의 예배, 주정주의와 감상주의 극복, 예배자의 의식 등이 예배신학이 되기보다는 종교개혁의 원리가 신학의 핵심이 되어야 할 것이다. 그것은 구원하시는 하나님 말씀 위에 근거하고 있고, 그 말씀은 예배자로 하여금 그리스도를 만나게 한다. 그 그리스도로부터 듣고 경배하며 복종하며, 죄를 용서받고 능력을 받고 새 생명을 얻어 새롭게 다시 사는 것이다.

이런 현실에서 한국 교회의 예배를 분석하고, 칼빈이 개혁의 완전한 표준을 성경과 초대교회의 전통에 두었던 것처럼 종교개혁 정신과 예배 원리를 밝혀 한국 교회의 갱신 점을 제시하려 한다. 교회의 생명과 사명을 불러일으키는 원동력으로서의 예배 갱신은 한국 교회의 질적 성장을 가져오게 될 것이며, 성숙한 교회, 성숙한 그리스도인이 되어져 나가는데 이바지 하고자 함이다.

---

25) 소의수, p.9.

2. 논술 방법과 범위

본 논문에서는 종교개혁 원리와 예배갱신의 역사적 유산인 전통이 계승 발전하고 있는지 고찰하고자 한다.

논술방법에 있어서는 16세기 종교개혁자들의 신앙원리와 개혁적 예배원리를 근간으로 하여 한국교회 예배의 문제점들을 다각도로 조명하여 진단한다. 한국 개신교회의 예배 갱신을 위한 문제점들을 찾기 위하여 예배에 관한 논문과 신문, 잡지에 게재된 기사와 여러 논설을 참고하였고 나아가 한국 개신교회들 중에서 장로교회, 감리교회, 성결교회, 루터교, 성공회와 침례교회, 순복음교회의 주보 300여 개를 수집하여 예배의 순서를 조사 분석하여 본 논문의 참고자료로 삼았다.

본문 Ⅱ장에서는 개혁자들이 주창한 신앙원리가 무엇인지 서술한다. 왜냐하면 그로부터 개혁자들의 예배원리가 나왔기 때문이다. 그것은 인간의 전적인 타락에서 나오는 무가치함과 하나님의 은혜로만 구원을 얻을 수 있는 점이 강조되고 있다. 그리고 Ⅲ장에서는 말씀의 회당 예배와 다락방의 성만찬 예배가 균형을 이룬 초대교회의 성서적인 전통이 중세 가톨릭에 의하여 변질된 미신적이고 제도적이며 형식적인 미사를 배척하고 성경을 중심으로 한 예배와 성만찬의 본질회복과 평신도의 능동적 예배 참여를 주장한 종교개혁자들의 예배 원리를 비교 검토하였다. Ⅳ장은 오늘의 한국교회 예배는 개혁 예배의 전승이 아니고 선교사들이 전해준 단순한 형태였음을 지적하였다. 그리하여 예배를 통해서 하나님을 경배함보다는 설교가 예배의 전부인 것 같은 인상을 받게 되었다. 그리고 예배의 내용상 한국 교인들이 보통 나타내는 "복을 받으려는 심리적 요구"는 그 자체가 잘못된 것은 아니다. 다만 그 요구가 단순히 인간적 곤경을 벗어나려는 요구로 끝날 때 성숙한 요구로 발전하지 못할 뿐 아니라. 예배자들이 예배를 통하여 "무엇을 얻어내려는 것"은 받기만 하고 드릴 줄 모르는 예배가 될 것이며, 이런 예배가 하나님께 축하(Celebration)를 드리는 표현을 잘하지 못할 것이 뻔하다. 세상의 좋은 것은 영원한 것의 그림자일 뿐이니 예배를 통해서 인도자는 가시적인 것들로 인하여 영원한 것과 그 가치로 예배자들을 이끌어야 한다.

Ⅴ장에서는 서론에서 밝힌 바대로 순수하게 성서적 기독교로 새로워지며 개혁원리에 근거한 본질과 기능을 회복하는 과정이 되도록 갱신의 원리와 실제를 제시하였다.

인간은 전적으로 타락하여 무능하며 무가치하다. 오직 하나님의 은총으로 구원을 얻은 인간은 하나님만을 경배하고 영광을 돌리는 예배를 드려야 한다. 예배는 하나님의 계시와 그의 구속에 대하여 믿음을 가진 사람들이 즐겨 응답하고 몸을 바치는 헌신이 되어야 하기 때문이다.

그리고 결론으로 지금까지 논의한 본 연구의 주요내용을 요약정리하고 종교개혁 원리와 개혁예배 원리인 성경 중심적이며 초대교회 전통으로 한국 교회가 다시 돌아가야 함을 천명하면서 이 논문의 끝을 맺는다.

종교개혁의 원리

　개신교의 신앙 원리는 하나님 중심이다. 하나님이 모든 것의 근원이시고 생명을 주고 의미를 주시는 분이기에 하나님을 떠나서는 아무것도 있을 수가 없다. 하나님 중심의 신앙은 다시 두 가지의 원리를 제공한다. 진리의 기준은 성경에서만 찾는다는 것이요, 다른 하나는 구원의 방법은 믿음으로만 가능하다는 것이다. 인간은 자신의 힘으로는 구원할 수 없고, 구원의 방법도 얻을 수가 없다. 오직 하나님의 방법만을 전적으로 의지해야 한다. 그것은 하나님께서 나를 위하여 행하신 신비하고 놀라운 모든 일들을 믿는 것이다. 믿을 내용이 성경에 있고, 그 내용을 믿어야 하나님의 것을 선물로 받게 된다.

　하나님 앞에서 의로워지는 것은 로마 가톨릭이나 인본주의자들처럼 자신의 힘으로 선행을 통해서가 아니라 하나님이 사람을 위해 행하신 것을 믿으면 하나님이 자신의 의를 믿는 자에게 주신다. 인간의 힘으로는 아무리 노력해도 사람의 한계를 뛰어넘을 수가 없다. 하나님을 떠난 인간은 하나님과 원수가 되었기에 무능하고 악하다. 그러므로 인간이 무슨 선행을 자신의 힘으로 할 수 있다고 믿는 것은 착각일 뿐이다. 그러기에 개혁신앙은 인간의 문제를 인간 세상의 기준으로만 보지 않는다. 반드시 하나님의 계시인 성경을 통해서 인간의 문제를 보고 또한 그 계시를 통해서 인간문제에 대한 해답을 얻는다. 성경만이 인간이 하나님을 알 수 있도록 제공하는 도구였기 때문이다. 하나님의 계시를 믿을 때 진리의 문은 열리기 시작한다. 개혁자들은 자신의 구원을 위하여 무엇을 할 수 있다는 중세 가톨릭교회나 인문주의자들의 주장을 부정하고 죄인을 위하여 하나님이 하신 일을 믿어야 한다는 초대교회 신자들이 발견했던 성경의 진리를 재천명하였다.[26] 그리고 이러한 모든 과정은 언제나 하나님께만 영광을 돌리는 것으로 시작하고 끝난다.

종교개혁 신앙은 개혁자들이 찾아낸 숨겨진 보화요, 값진 진주요, 천국의 열쇠였다. 그로부터 미국의 건국사상인 청교도 신앙이 나왔고, 독일 경건주의와 영국의 웨슬리안 복음주의가 나왔다. "교회사를 통해서 교회가 부흥하고 신앙적인 대각성이 일어나는 곳에 언제나 이러한 혁명적인 신앙이 있었다."[27] 이러한 개신교의 신앙원리는 사람들에게 초자연적인 구원과 함께 능력을 공급하여 주었다. 이 신앙에 거하고 있는 동안에는 신자들이 언제나 하나님의 자녀로서 능력의 삶을 소유할 수 있었다. 오늘도 이러한 개혁의 신앙

---

26) 김기홍, 「천국의 기둥」 (서울 : 두란노 서원, 1989), p. 156.
27) Ibid., p. 158.

을 삶 전체에 적용해야 한다.

가톨릭적이건 문예부흥이건 사람의 힘으로 무엇을 성취해서 하나님께 인정받는다는 것은 인본주의다. 이러한 인간적인 것에는 경건의 모양은 있을는지 모르나 구원의 능력은 절대로 없다.

마틴 루터에 의해 새롭게 발견되고 제창된 성경적 복음 이해는 존 칼빈에게서 가장 완숙하고 체계적인 표현을 얻게 되었다. 그래서 칼빈은 16세기 종교개혁 사상의 완성자요, 개신교 신학의 한 원조라고 평가하는 데에 이의를 제기할 사람은 별로 없을 것이다. 그의 신학과 사상은 적어도 개신교 진영에서는 그의 직접적인 정신적 후예이든 아니든 간에 누구에게나 모든 신학적 반성과 논의에 있어서 주된 고전과 근거로서의 위치를 차지해 왔다.

필자는 칼빈이 주장한 개혁 원리를 몇 가지 관점에서 규정해 본 후 이에 근거하여 한국교회 예배를 조명해 보고자 한다.

1. 하나님께 영광

칼빈 역시 루터와 마찬가지로 오직 성경을 통해, 오직 믿음으로 말미암아, 오직 하나님의 은혜로 주어지는 하나님의 구원과 칭의를 그의 신학의 궁극적 관심사로 삼았다.[28] 루터의 신학적 관심이 주로 "진노하시는 하나님으로부터 어떻게 죄의 용서를 받으며 구원을 받을까" 하는 구원론에서 출발했다면, 칼빈의 신학적인 관심은

---

28) 칼빈은 그의 대표적인 저술인 「기독교 강요」를 인간의 구원이나 칭의의 교리로 시작하지 않고 하나님에 대한 지식으로부터 출발했다. 이것은 칼빈의 신학적 관심이 어디에 있었는지를 확실히 보여주고 있다고 하겠다.

구원받은 성도가 어떻게 하나님께 영광을 돌릴 수 있을까 하는 성화론에서 출발했다고 하겠다. 그러므로 루터의 종착점은 칼빈에게는 출발점이었다.

칼빈은 말하기를 "인간의 궁극적인 목적은 하나님을 알고 그의 존재를 인정하는 것"[29]이라고 했다. 로마 가톨릭교회의 신학자요, 추기경이이었던 사돌렛토(Jacop Sadoleto 1477~1547)가 사람의 궁극적인 목적이 인간의 구원에 있다고 강조했을 때 칼빈은 그것은 신학자다운 말이 아니라고 일축하며 사람의 궁극적인 목적은 자기를 구원하는데 있지 않고 하나님께 영광을 돌려드리는데 있다고 역설했다.[30]

그러므로 하나님은 언제나 구속받은 성도들로부터 영광을 구하신다. 우리의 생활의 한 부분, 한 행동에서도 하나님의 영광을 드러내지 않아도 되는 순간은 없다. 심지어 먹고 마시는 순간까지도 하나님의 영광과 그의 이름을 영화롭게 하여야 한다. 예를 들면, 그리스도인은 언제나 이웃을 내 몸처럼 사랑해야 하나, 그것을 인생의 목적이 아니라 그것을 통하여 하나님을 즐겁게 해드리고, 그를 영화롭게 하는 데에 인생의 목적을 두어야 한다는 것이다. 그러므로 이웃의 영혼에 대한 무관심은 하나님의 영광에 대한 무관심을 의미한다. 왜냐하면 우리의 이웃은 바로 하나님의 소유이며, 그에게 속하여 있기 때문이다. 이처럼 칼빈의 신학 주제는 사람이 아니라 하나님이었다.

---

29) Inst., I. 1. 2.

30) John C. Olin, A Reformation Debate:Sadoleto's Letter to the Genevans and Calvin's Reply, (Grand Rapids, Michigan:Baker Book House, 1966), p. 58.

칼빈에게 있어서 하나님은 시간과 역사를 주관하시는 절대자였다.[31] 하나님은 온 우주의 창조주시요, 온 우주 위에 뛰어나신 주권자이시며 왕이시다.[32] 왕 되신 하나님은 순간순간마다 그의 지으신 우주 안에서 섭리하시고,[33] 그러한 섭리를 통해서 그의 주권을 역사 속에 행사하신다. 하나님은 그의 주권을 기쁘신 뜻에 따라 행사하실 때에 어떤 사람은 그의 자녀로 예정하사 구원하시고, 또 어떤 사람은 그들의 죄악 가운데 내버려 두시기로 하신다.[34] 칼빈은 하나님만이 유일한 구원자(Author)이시므로,[35] 인간의 참된 위로, 평안과 행복은 바로 하나님의 섭리, 주권, 그리고 예정을 믿고 신뢰하는데 있다고 고백했다. 이처럼 칼빈에게 중심적인 사상은 하나님의 주권과 영광의 신학이다. 그러므로 그는 예배의 최대 목적은 하나님의 주권과 영광에 두었다.

2. 은혜로만

칼빈의 하나님 중심의 신학은 그 두 번째의 신앙 원리로 인도한다. 그것은 칼빈의 신학이 철저한 "은총의 신학"이기 때문이다. 신 중심적 신학으로서의 칼빈의 신학이 이제 은총의 신학으로서 나타나는 논리를 그의 인간관과 그 위에 기초한 구원관에서 명백히 볼

---

31) Inst., I.1. 6-8.
32) Ibid., I.1. 6.
33) Ibid., I.10.2., I.16.2., III.20.40.41.
34) Ibid., I.5.8., III.21. 5-7.
35) Ibid., II.3.6., II 3.9.

수 있다.[36] 앞에서 하나님의 주권과 영광의 강조가 칼빈의 사상의
전면에 나타나 있음을 보았다. 이 전면은 인간의 죄성과 타락성에
대한 철저한 인식이라는 이면을 갖고 있는 것을 잊어서는 안 된다.
인간을 향해 전능하시고 주인 되신 하나님과 하나님을 향해 전적
으로 무능하고 죄인 된 인간이라는 인식은 칼빈의 모든 사고를 지
배하는 두 축(軸)과 같다.

　16세기 종교개혁의 원리가 로마 가톨릭교회와 전혀 다른 입장은
구원의 문제에 있어서 인간관의 견해차이다. 인간은 그 누구도 예외
없이 죄인이며 스스로 선을 행할 능력도 의지도 없게 타락했다. 그
러므로 그 어떤 사람도 구원에 있어서 예수 그리스도와 더불어 중
보자의 자리에 설 수 없다. 그 어떤 작은 힘도 될 수 없으며, 예수
그리스도만이 우리의 구속자이시고, 그의 구속의 능력만으로 우리
의 구원은 충분하다. 아무도 남의 구원은 커녕 자기 자신의 구원을
이루기에 충분한 공덕을 쌓을 만큼 선행의 능력을 갖춘 자가 없다.

　오직 예수 그리스도를 통해 이루어진 구원을 나의 것으로 소유
하는 것은 그를 믿음으로만 가능하다. 그리고 이 믿음은 우리 자신
의 의지나 결단이나 노력의 결과가 아니라 하나님의 은혜 안에 선
택된 자에게 주어지는 선물이다. 이는 전적으로 불가항력적인 하나
님의 은혜에 의한 것이다. 따라서 칼빈의 구원관은 예수 그리스도
외에도 성모마리아에게 인류의 공동 대속자의 위치를 부여하고, 옛
성자들이나 사제들에게도 우리의 구원을 위한 중보적 능력을 인정
하는 로마 가톨릭교회의 사상에 맞서 "오직 예수 그리스도만을" 주
창하였다. 믿음과 선행에 의해 구원을 얻는다는 로마 가톨릭의 가

---

36) Ibid., Ⅰ.1.2., Ⅱ1.4., 6.1.

르침에 반대하여 "오직 믿음으로", 하나님의 은혜와 인간의 자유의
지의 공동사역에 의한 구원이라는 로마 가톨릭 교리에 대하여 "오
직 은혜"라는 성경적 원리를 재천명하였다.

오직 하나님뿐이라는 확고한 칼빈의 신학은 하나님 중심의 신학
이며 또한 은총의 신학이 되게 하신 원리인 것이다. 여기에서 그의
예배신학이 나타난다. 즉 하나님의 은혜가 예배를 통해서 표현되어
야 한다는 것이다.

3. 성경으로만

칼빈의 하나님 중심적인 신학사상은 그의 성경 중심적 사상에
근거하고 있다. "오직 성경으로만"(Sola Scriptura)은 개혁자들의 기
본 명제이다.[37] 이것은 성경뿐만 아니라 교회의 전통을 구원의 진
리의 출처로 간주하는 로마 가톨릭교회의 입장에 대한 강력한 반
론이다. "오직 그리스도", "오직 믿음", "오직 은혜"로 요약되는 구
원관은 타락한 인간의 무능함의 인식과 긴밀히 연관된 것이다. 인
간의 죄와 타락의 결과는 선행할 능력이 전혀 없을 뿐만 아니라,
하나님과 그의 나라의 진리를 아는 이성의 능력도 완전히 상실하
였다.[38]

전통이라 일컫는 교회의 결정들이 비록 신앙 안에서 사고되었고,
소위 무오 한 교황의 이름으로 공포되거나 비준한 것이라 할지라

---

37) 김명혁, "복음주의의 역사," 「빛과 소금」 1989. 5. pp.80~85.
38) Inst., Ⅱ.2.20 - 21.

도 칼빈이 성경과 동등한 권위를 인정하기를 거부한 것은 인간 이성의 철저한 부패성 때문이었다. 칼빈에게 있어서 하나님의 진리를 아는 유일한 통로는 객관적 계시인 성경밖에 없었다.[39] 여기서 로마 가톨릭 신학에 반해 개혁자의 신학이 왜 은총의 신학이 되며 성경적 계시의 신학이 되는가를 확실히 볼 수 있다. 칼빈은 주장하기를 성경은 모든 그리스도인의 유일한 안내자와 교사라고 했다.[40] 왜냐하면 성경의 말씀은 신적인 권위를 갖기 때문이다. 로마 가톨릭교회에서는 성경의 권위가 교회로부터 근거한다고 주장하였다. 그러나 칼빈은 "성경의 권위가 교회로부터 오는 것이 아니라 하나님으로부터 온다."[41]라고 했다.

왜냐하면 성경의 권위가 교회 위에 기초하는 것이 아니고, 교회가 이 말씀에 기초하고 세워졌기 때문이다.[42] 칼빈은 다음과 같이 성경의 신적 권위를 옹호하고 있다.

"사도 바울은 증거하기를 교회는 선지자들과 사도들의 터 위에 세워졌다(엡 2:20). 만일 선지자들과 사도들의 교훈이 교회의 터라면, 이 교훈(성경)은 교회가 존재하기 전에 이미 그 권위를 가지고 있었다"[43] 성경은 스스로 하나님의 말씀임을 자증할 뿐만 아니라, 성경 안에서 성령께서 저자이심을 증거하심으로 성경은 절대적인 신적 권위를 갖는다.[44] 그러므로 하나님의 말씀인 성경은 신학의

---

39) Ibid., Ⅲ. 2. 6－7.
40) Ibid., Ⅰ. 6. 1－4.
41) Ibid., Ⅰ. 7. 1－2.
42) Ibid., Ⅳ. 2. 4.
43) Ibid., Ⅰ. 7. 1－2.
44) Ibid., Ⅰ. 7. 4－5.

기초이며, 구원의 길을 제시하는 유일한 교과서요, 신자의 행위와 규범의 척도이다.

칼빈은 루터와 같이 '성경은 성경 자신이 해석한다'(Scripturae Scriptura Interpretum)는 원리를 고수하면서 성경을 해석하려고 하였다. 그러나 칼빈의 성경 해석은 여러 면에서 루터와 다르다. 루터는 문자적 해석을 주장했다. 1519년에 출간된 「시편해석」에서 루터는 말하기를 "성경 해석에서 첫째 되는 관심은 문법적인 의미이다. 왜냐하면 문법적 의미는 신학적인 의미를 갖기 때문이다"라고 하였다.[45] 이러한 루터의 문법적 또는 문자적 해석은 세월이 흐르면서 결국 은혜 없는 사변적인 신학체제를 형성케 하여 17세기에 이르러 루터 교회의 신학은 죽은 정통(Dead Orthodoxy)이 되었고, 드디어 슈페너(Phillip Jacod Spener 1635~1705)를 중심으로 경건주의(Pietism)운동이 일어나는 계기가 되었다.

칼빈은 루터의 문법적 해석보다 더 나아가 성경의 역사적 문법적 해석을 따르면서 성령의 조명을 통하여 말씀의 정확한 의미를 이해하려고 하였다.[46] 왜냐하면 성경의 저자는 성령님이므로, 성령의 도움이 없이는 그 누구도 성경을 바르게 이해 할 수 없기 때문이다. 하나님께서 자신을 보여주시는 계시 행위는 인간들로 하여금 하나님의 계시를 볼 수 있도록 영적인 눈을 열어주시는 성령의 내적 조명이 있을 때만 가능하다.[47]

그리고 하나님의 계시의 진리는 칼빈에게 있어서 단순히 이성의

---

45) Gerhard Ebeling, _Luther: An Introduction to His Thought_, (Philadelphia:Fortress Press,1983). p.107.

46) Inst., Ⅰ. 9. 3.

47) Ibid., Ⅲ.2.33 - 34.

영역에 속하는 것이 아니라 믿음의 영역에 속하는 것이다.[48] 믿음의 지식은 '아는 것'이 아니라 확신하는 것이다. 순전히 합리적 논증에 의한 확신이 아니라 성령의 설득에 의해 일어나는 확신이다.[49] 따라서 머리에서 보다는 가슴에서 일어나는 확신이다. 칼빈은 성령의 내적 조명을 지각의 조명과 마음의 확증이라는 두 단계로 설명하면서도 "마음이 하나님의 영의 능력에 의해 확증되어짐이 없이는 지각이 조명 받는 것은 충분치 않다"고 말한다.[50]

칼빈에게 있어서 성경이 신학의 근원이 되는 것은 성경을 밝히고 체계화하여 설교에 도움을 주는 데 있었다. 다시 말하면 칼빈에게 성경해석의 궁극적인 목적은 설교를 통해 하나님의 말씀을 성도들의 삶속에 적용시키는데 있었다. 그래서 그는 "신학자는 재잘거리며 귀를 즐겁게 하는 데에 연구를 기울여서는 안 되며, 참되고 확실하고 유익한 것들을 가르치면서 양심들을 확증시키는 일에 기울여야 한다"[51] 이것이 칼빈이 생각하는 신학이다. 우리가 그의 신학을 목회적 신학, 교회의 신학이라고 규정하는 것은 바로 이런 의미에서이다. 예배도 마찬가지이다. 예배는 말씀을 접하며 말씀을 듣고 찬양하며 말씀을 먹고 말씀에 따라 기도하는 것이다. 이러한 맥락에서 칼빈은 사변적인 신학자가 아니라 성경적 신학자 즉 말씀의 사역자로서 그의 전 생애를 통하여 설교와 주석 사업에 전념하였다.

---

48) Ibid., Ⅲ.2.14.
49) Ibid., Ⅰ.20.52.
50) Ibid., Ⅲ.2.33.
51) Ibid., Ⅰ.14.4.

4. 믿음으로만

칼빈에 있어서 루터와 마찬가지로 사람은 오직 믿음으로만 옳다는 인정을 받는다. 그러나 칼빈에 있어서는 신앙이 옳다는 인정받음의 중심은 아니다. 칼빈은 신앙이 그 자체의 힘으로써 인간을 옳게 한다면 그것은 신앙과 의의 본질이 아니라고 한다.[52]

칼빈에 의하면 우리의 의의 근거는 근본적으로는 신앙이 아니라 예수 그리스도, 즉 객관적 계시에 있으며, 신앙의 주체는 나의 종교적 능력이 아니라 성령이다.[53] 신앙은 성령의 일이다. 그러므로 〈오직 믿음으로만〉(Sola Fide)이라는 말을 사용할 때, 그 이전에 성령의 주격과 예수 그리스도의 사실을 말하지 아니하면 신앙이 인간의 객어(客語)가 되고, 신앙이 형이상학이 되어 신앙 자체가 의의 조건과 구원의 조건이 되어 인간의 능력으로서의 신앙이 성령과 그리스도의 자리를 차지하게 된다. 이러한 탈선이 루터의 그리스도의 〈신앙의 의〉로부터 〈인간의 의〉가 된 19세기 자유신학의 상황이었다. 그러므로 동시에 또는 그 이전에 성령의 활동과 예수 그리스도의 은총의 사실을 떠나서는 〈신앙만〉을 독립적으로 사용하는 것은 위험하다.

칼빈에 의하면 우리는 어떠한 수단이나 방법을 통하여서도 우리 자신의 편에서는 하나님과의 교제에 들어갈 수가 없다. 하나님이 인간에게 교제를 가질 수 있도록 다리를 놓아주었다. 이것이 예수 그리스도이다. 그러나 이것은 객관적 계시로서 이것이 우리 속에서

---

52) Ibid., Ⅲ.11.7.
53) Ibid., Ⅲ 1.1.

주관적 현실이 되는 것은 성령의 하는 일이다. 이러한 것을 전제로 한 뒤에야 인간 편에서 〈믿음〉이라는 말을 할 수가 있다. 믿음은 다만 인간의 태도, 인간의 통찰의 열매가 아니다. 믿음은 우리를 그리스도에게 복종하게 하는 성령의 활동에 의한 인간의 대답 (Response)이다. 그러나 신앙 그 자체는 그 내용인 예수 그리스도가 없으면 아무 가치도 의미도 없고, 다만 빈 그릇에 지나지 않는다.[54]

신앙이 구원 자체는 아니다.[55] 성령이 그리스도를 우리와 연합하는 결합이다.[56] 성령이 예수 그리스도의 속죄의 일을 우리 마음속에 말하고 우리의 마음을 밝게 하여 예수 그리스도에게서 일어난 그의 죽음과 부활이 나의 죄와 나의 부활을 위하여 된 것으로 받을 수 있게 한다. 이 받는 '예'가 곧 신앙이다. 칼빈에 있어서 적어도 이러한 것들을 말한 뒤에야 "믿음으로만 옳다는 인정을 받는다"는 말을 할 수가 있게 된다. 그러므로 옳다는 인정받음과 거룩하게 됨은 성령의 능력으로 말미암아 믿음으로 우리가 그리스도와의 교제에서 오는 두 선물이다.[57]

거룩하게 됨은 성령으로 말미암아 믿음으로 그리스도를 통하여 그리스도와 같이 옛 사람이 죽고 그리스도와 같이 새로운 사람으로 나는 것이다. 이것이 회개요, 새로 나는 것이요, 거룩하게 됨이다. 땅위에서 완전히 거룩하게 됨은 없고 날마다 그리스도 안에서 죽고 사는 계속적인 거룩하게 됨의 과정이 있을 뿐이다. 거기에는 성장이 있으나 완성은 하나님 앞에 가기까지는 없다. 옳다는 인정

---

54) Ibid., Ⅲ.11.7.
55) Ibid.
56) Ibid., Ⅲ.11.5.
57) Ibid., Ⅲ.11.1.

받음은 첫째로, 예수 그리스도가 그의 죽음의 복종으로 얻는 의를 우리의 의로 인정하여 우리는 죄인이지만 죄인으로서가 아니라 마치 우리가 옳은 것과 같이 하나님 앞에 나타나고,[58] 우리를 마치 옳은 것과 같이 보시는 것이다.[59] 둘째로, 옳다는 인정받음은 우리를 옳게 만드는 문제가 아니라 우리 죄인들이 그리스도와 교통하는 이 사실을 하나님이 인정한다는 하나님 편에서의 심판의 행동이다.[60] 이 심판의 행동은 두 가지로 생각할 수 있다. 하나는 사죄요, 또 하나는 그리스도의 의를 우리의 의로 보는 것이다. 셋째로, 옳다는 인정받음은 하나님이 우리가 불의하지만 우리를 옳은 사람으로 선언하신다는 것이다.[61] 그러므로 우리의 의의 근거는 우리 자신 속에 있는 것이 아니라 그리스도에게 있다.[62] 그러므로 우리가 그리스도의 의에서 사는 동안 비록 우리가 죄의 선고에 직면해도 두려워할 것이 아니라 사죄와 우리를 옳은 사람으로 선언하는 은총의 감격 속에 있게 된다. 우리는 이러한 의가 우리 자신의 공적에서 왔다고 생각할 수가 없고, 그리스도의 의가 우리를 마치 옳은 사람 같이 보고, 판단하고, 선언하기 때문인 것을 고백하게 된다. 우리의 어떠한 완전한 복종도 우리를 그리스도 앞에 세울 수 있는 것이 아니다. 우리는 그리스도에게 피하여 거기서 의의 선언을 받아야 한다. 우리의 의는 철두철미 그리스도 안에 있다.

칼빈은 로마 가톨릭교회의 교리에 대비하여 옳다는 인정받음에

---

58) Ibid., Ⅲ.11.12.

59) Ibid., Ⅲ.11.3.

60) Ibid., Ⅲ.11.23.

61) Ibid., Ⅲ.11.3.

62) Ibid., Ⅲ.11.4;14.17.

서 신앙의 의와 신앙의 열매로서의 의를 일단 구별하여 그 근거를 다 같이 그리스도에게 둠으로써 한편 공적으로서의 행실의 의의 사상을 배격하고, 동시에 행함의 의, 즉 기독교 윤리의 필요성과 그 의미를 강조하여 신앙과 행실의 이율배반을 피하였다. 신앙의 의는 인간의 행실에 무관하고 하나님께로부터 오는 선물이며, 행실의 의는 신자들이 그의 생애에서 필요한 신앙의 열매를 말한다.[63] 이와 같이 칼빈에게 있어서 옳다는 인정받음과 거룩하게 됨은 예수 그리스도 안에서 있는 한 실재, 한 은총으로서,[64] 우리가 성령과 믿음을 통하여 예수 그리스도 안에서 동시에 그리고 같이 받는 한 은총의 두 면으로, 양자는 결코 서로 분리될 수 없고,[65] 양자가 동시에 되어야 한다.[66] 옳다는 인정받음과 거룩하게 됨이 분리되는 곳에서 예수 그리스도의 통일이 깨진다.[67] 그러나 반면에 옳다는 인정받음과 거룩하게 됨은 또한 그럼에도 불구하고 서로 구별되어야 한다.[68]

만일 하나님이 우리 안에서 시작하여 미래에 완성될 새로운 삶 때문에 우리를 옳다고 한다면 우리가 하나님 앞에 설 수 있을 것인가? 이것은 마치 회개가 사죄의 근거인 것 같다고 할 수 있다. 이와 같은 옳다는 인정받음과 거룩하게 됨의 역설적 관계는 동시에 의인이며 동시에 죄인(Simul Justus et Peccator)의 원리로 표현될 수

---

63) Ibid., Ⅲ.17.4 – 5.
64) Ibid., Ⅲ.16.1.
65) Ibid., Ⅲ.11.6.
66) Ibid., Ⅲ.16.1.
67) Ibid.
68) Ibid.

있을 것 같다. 우리가 예수 그리스도의 의를 받을 때 우리는 구원이라는 전체 사실을 받는다. 즉, 우리는 아무 제약 없이 하나님 앞에 옳다는 인정을 받게 된다. 그러나 우리는 인간으로서 죄인이다. 그러므로 우리는 옳다는 인정받음을 생각할 때 우리의 옛 아담은 죽고 그리스도와 같이 새 사람으로 부활해야 한다는 사실을 잊어서는 안된다. 이와 같이 날마다 옳은 사람으로서 하나님 앞에 선언을 받고, 옛 아담은 죽고 새사람이 되는 옳다는 인정받음과 거룩하게 됨의 상호행동이 칼빈에 있어서 그리스도인의 생활, 즉 기독교 윤리의 원리를 결정한다. 그리스도인의 생활이란 옳다는 인정받음의 기초 위에 있는 거룩하게 된 삶의 영역을 말한다.

개혁자들은 예배에서 이러한 원리가 분명히 드러나게 하는데 최선을 다했다. 예배는 하나님을 믿음으로 경배하는 것이다. 예배는 하나님으로부터 믿음으로 구원을 받는 것이다. 믿음을 뺀 예배는 예배라 할 수도 없다.

종교개혁 예배 원리

16세기의 종교개혁은 역사의 새로운 장을 여는 기적적 사건(Event)임에 틀림없다. 그 이유는 그 시대의 현실이 영적으로, 도덕적으로, 신학적으로 퇴폐의 지경까지 이르러 하나님의 질서가 무너지고 "패역한 세대"로 전락된 중세의 교회와 사회의 어두움은 새로운 세계의 출현을 불가피하게 만들어 놓았다.

무엇 때문에 그 시대는 어두움 속에 방황하게 되었던가 하는 근본적인 원인들이 여러 각도에서 분석되어지고 있으며 그 평가 또한 매우 다양하다. 그 가운데 먼저 신학의 부재(不在)를 말하고 교회의 구조적 모순을 지적하는 경우가 적지 않다. 그러나 가장 핵심적인 요소로서 하나님을 섬기는 구체적인 행위인 예배현장이 그 의미를 잃고 하나님과의 만남의 역사가 발생하지 못한데서, 이런 결과가 파생된 것이다.[69] 들어도 듣지 못하는 언어[70]속에 진행된 미사는 자연히 구경의 대상으로 전락되었고, 맹목적인 헌신과 신비의 강조는 예배자들을 지극히 피동적인 존재들로 만들어 버리고 말았다.[71] 더 나아가 미사의 집례행위는 사제들의 독점적인 무대로 점차 변질되어 갔는데, 그 속에서 사제들의 절대권이 지나칠 정도로 숭상을 받게 되었고 이것은 그들의 탈선과 직결된 결과를 가져오게 되었다. 특별히 미사의 절정을 이루는 성만찬의 순서는 성물(聖物)[72]이 그리스도의 피와 살로 변한다고 하여 신비한 극적 장면의 연출을 기다리는 사람들의 구경거리를 만들어버린 결과가 되었다. 그리고 하나님의 말씀은 삶의 현장과 단절된 채 독백적으로 읽혀지거나 또는 생략해버리는 잘못이 편만하였다.

이러한 상황들은 중세 교회를 힘없는 교회로 전락시켜 갔고, 정치와 종교가 분리되어 있지 않던 그 세계의 신앙과 윤리 질서를 파괴하기에 이르렀다. 마음과 뜻과 정성을 다해 하나님을 섬기는 예배가 부재하였으며, '신령과 진정으로' 예배를 드리는 무리들이 시들어져 갈 때 주의 몸 된 교회는 병들고, 인간의 심성은 부패해질 수 밖에 없다는 진리를 경험하는 시간을 맞은 것이다.

16세기의 종교개혁이 그 출발에 있어 신학의 개혁을 목적으로 했다는 사실은 그 누구나 아는 평범한 사실이다. 그러나 예배학적인 측면에서 볼 때 그 개혁의 필연성은 의미를 상실한 미사에서부터였다고 보는 것이 타당하다.

---

69) Franklin M. Segler, 「예배학 원론」 정진황 역, (서울:요단출판사, 1981), p. 56.

70) 당시의 미사에 사용된 언어는 라틴어였다. 그러므로 라틴어를 사용하지 않는 지역에서는 그 의미 전달이 불가능했다.

71) Raymond Abba, 「기독교 예배의 이론과 실제」 허경삼 역, (서울:대한기독교서회, 1981), pp. 29~35.

72) 성물(elements)은 성만찬에서 사용되어지는 빵과 포도주를 말한다.

교회가 존재하는 일차적인 목적이 하나님을 영화롭게 하는데 있음을 인정할 때 예배란 교회 기능의 최우선적인 것이 되어야 하기 때문이다. 이 목적이 바뀌어지거나 희미해질 때 언제나 교회는 문제를 갖게 되었고, 하나님의 채찍을 받게 되었다. 예배신학자 윌리암 맥스웰(William D. Maxewell)은 기독교 예배의 역사에서 다음과 같이 종교개혁과 예배의 상관관계를 서술하고 있다.

16세기 초에 서방교회에서 집례된 성만찬은 하나의 연극적인 장면(a Dramatic Spectacle)이었다. 그것은 성만찬으로서보다는 화체(Transubstantiation)의 기적으로 절정을 이루었고 순수치 못한 미신적 경배 속에 행하여졌다. 미사는 알지 못하는 언어 속에서 청취를 불능케 했고, 설교는 무덤 속으로 퇴락되었으며, 대부분의 교구 신부들은 문맹(文盲)이었기 때문에 설교하기에는 너무 무식하였다. 성경 말씀이 봉독되어져야 할 부분은 성자들의 생활담과 전설로 채워졌고, 성경은 예배자들의 자국어로 전달되지 않았다. 그리고 미사의 헌금과 면죄부 판매의 폐습은 성직 매매와 착취의 근원이 되었다. 그러기에 종교개혁은 시급하고도 필연적이었다.[73]

이런 비복음적인 문제점들은 성경에서 보여준 진리의 추구를 더욱 절실하게 하였다. 초대교회에서 보여주었던 복음적이며 생기에 넘치는 예배의 실현을 목마르게 요구하게 되었다. 종교개혁이 주로 신학의 개혁이었음에도 불구하고 종교개혁으로 인해 예배의 개혁이 일어난 것은 당연한 것이었다. "전통 위주에서 성경 중심으로, 의식과 형식 중심의 예배에서 말씀 중심의 예배로 변화되었고 성

---

73) William D. Maxwell, <u>A History of Christian Worship</u>, (Grand Rapids : Baker Book Houes, 1982), p.72.

찬의 본질을 회복하려고 노력하였으며 사제들의 예배 중심에서 일반 평신도의 적극적이고 능동적인 예배 참여를 주게 되었다.[74]

그 대표적인 인물로서 루터와 칼빈을 든다면 오늘의 예배의식에 새로운 이해를 가져오게 된다. 루터는 이 땅에 복음으로 오신 예수 그리스도를 믿음으로서만 구원을 받게 된다는 주장과 함께 횃불을 들었었다. 그리고 칼빈은 초대교회가 살았던 그대로 성도들이 성경에 입각한 삶을 지속해야 한다는 입장에서 말씀 중심의 교회로 새 출발을 선언하기에 이르렀던 것이다.

이렇게 근본적으로 맥락을 같이한 개혁자들은 그 출발부터 미래의 새로운 교회를 바라보며 개혁의 전선에 주역들로 등장했었다. 그러나 불행하게도 이들이 가진 예배에 대한 견해만은 일치점을 얻지 못하고 말았다. 루터는 지난 천 여년을 지속해온 로마 가톨릭 예전의 모든 절차와 내용을 그대로 지키면서 부분적 수정을 원했는가 하면 칼빈은 교회를 병들게 한 당시의 미사를 대폭 간소화하여 말씀과 성례에만 초점을 두었던 초대교회의 예배 형태로 돌아가기를 주장했다. 그런가 하면 쯔빙글리와 재세례파와 같은 개혁자들은 정기적인 예배 자체마저 부정해 버린 채, 개인적인 신앙생활의 실현으로만 만족하려는 주장을 펼치고 있었다.[75]

이제 이토록 중요한 예배 문제에 대한 개혁자들은 어떤 면에서 일체감을 얻었으며, 또한 무엇에 대하여 견해를 달리 했었는지 살펴보려고 한다. 그렇게 함으로써 개혁자들의 일관성 있던 쟁점들이

---

74) 김수학, 「개혁파 예배학」 (대구: 보문출판사, 1982), p.51.

75) Hughes Oliphant Old, The Patristic Roots of Reformed Worship, (Zurich: Theologischer Verlag Zurich, 1975).

여기에 새로이 조명될 수 있을 것이며, 나아가 입장을 달리하고 있는 한국교회 교단들의 다양성을 이해하고 극복해 가는 데 도움을 얻을 수 있으리라 여겨진다.

먼저 개혁자들이 일체감을 가졌던 점들을 찾아보기로 한다.

첫째, 로마 교회가 그리스도의 희생을 반복하는 것으로 보는 미사를 거절하였다. 그 이유는 성례전이 바로 신비한 사건의 발생만 거듭되는 현장으로 오도되어 버렸고, 거기서 많은 성도들은 병 고침을 비롯한 마술적 결과들을 기대한 그릇된 신앙을 발생시키고 있었기 때문이다. 루터는 그의 저서인 "교회의 바벨론 포로"에서 이러한 성만찬의 남용을 통탄하여 "거룩한 성만찬이 박람회, 선술집, 그리고 상업의 시장 속으로 빠져 들어갔다"[76]고 하였다. 이러한 루터의 지적 앞에 어느 개혁자도 반대하지 않았던 것은 조금도 이상할 것이 없다. 하나님의 은총 앞에서는 모두가 용서를 받을 수 있는 인간들이라는 기본적 입장을 지닌 개혁 교리는 성만찬이 구원을 매입하는 방편으로 활용된 미사의 풍토와 정면으로 부딪힐 수밖에 없었던 것이다.

둘째, 로마 교회가 주장하는 화체설을 개혁자들은 한결같이 거절하였다. 로마 교회는 미사 가운데 행해진 성만찬에서 그 성물이 그리스도의 살과 피로 변하여 성체가 되며, 그리스도께서 거기에 자동적으로 임재 하신다는 교리를 신봉하고 있었다. 그 결과는 미사의 참여자들이 기본적으로 갖추어야 할 믿음을 소홀히 하는 문제를 야기시키고 말았다. 여기에 개혁자들은 허황된 미사의 진풍경

---

76) "The Babylonian Captivity of the Church,:" in Robert Ferm, <u>Readings in the History of Christian Thought</u> (New York: Holt, Rinehart, and Winston, 1964), p.500.

속에 사라져간 믿음의 핵심을 찾는데 뜻을 일치시키고 있었다.

셋째, 개혁자들은 하나님의 말씀이 부재된 미사를 지적하고 나섰다. 그들을 초대교회가 언제나 말씀과 성례를 동반했던 사실을 상기시키면서 말씀이 없는 성례전 의식에 경종을 울려주었다. 개혁자들은 이 같은 의식이란 단순한 마술적 연기에 불과하다고 지적하면서 말씀이 선포되어지는 예배의 필요성을 거듭 강조했던 것이다. 그리고 하나님의 말씀이 회중들의 삶의 방향을 이끌어 주는 사건(Event)이 되는 예배가 될 때 그것만이 참된 예배로서의 기능을 발휘할 수 있다는 주장을 내세웠다.

넷째, 모든 예배는 예배를 드리는 사람들이 사용하는 자국어로 집례 되어져야 한다는데 의견을 같이 하였다. 그 이유는 회중이 어떤 언어권에 속했는가를 전혀 고려하지 않고 오직 라틴어만을 사용하도록 하여 회중을 구경꾼으로 만드는 결과가 되었으므로 칼빈은 회중이 알지 못하는 언어로 집례되는 미사를 가르켜 "마술사의 주문만 외어지는 곳"이라고 혹평하기까지 하였다.

다섯째, 하나님과 예배자들의 중간 존재로서 사제의 위치를 부정하는데 뜻을 같이 하였다. 그 이유는 그리스도의 대행자로서의 권위만을 너무 강조하였기 때문이다. 그리스도를 대신하여 섬기는 본분을 가진 사제적 자세는 흔적을 감춘 채 하나님과 동등한 위치에 군림하려 할 뿐만 아니라 고해성사를 통하여 성도들의 죄를 청취하고 그것을 오용하는 부패가 만연되어 있었던 것이다. 이에 대한 맹종을 촉구하는 일에 모든 개혁자들이 하나같이 결속된 것이었다. 그 결과 만인 사제주의설이 나와서 개혁의 진전에 일단의 공헌을 하기에 이르렀던 것이다.

이상과 같은 공통점은 애석하게도 그들의 신학적 배경과 활동지역에 따라 예배의식의 형태와 성만찬의 신학적 견해는 일치를 보지 못하였다. 이들은 하나된 모습으로 나아가지 못하고 독자적 노선을 걸었던 예배의식의 주장과 방향은 다음과 같이 분류할 수 있다.

1. 루터(Martin Luther)

개신교회의 예배전통을 발견하고 유산을 발견하는 일은 흥미있는 과업이다. 각 교파마다 다소 다른 예배의 형, 예배의 지도력, 예배의 특질을 지니면서 예배의 우수성과 현실성을 추구하고 있음은 공통적으로 시대와 회중에게 더 의미 있는 예배를 창출하려는 노력이 아닐 수 없다. 특히 종교개혁이 일어나면서 제창한 "오직 믿음"(Sola Fide)과 "오직 성경"(Sola Scriptura)그리고 신약시대와 초대교회시대로 돌아가려는 관심은 개신교회의 예배의 전통을 이룩한 동력이었다.

종교개혁의 초창기에 있어서 나타난 예전 운동은 이미 언급한 바와 같이 중세기 가톨릭주의를 개혁하고 초대교회의 신앙과 예배로 돌아가려는 운동이었다. 이 운동에는 두 가지 흐름이 있었는데, 하나는 "보수적인 개혁"의 입장을 취한 마틴 루터(Martin Luter 1483~1546)의 예전운동이요, 다른 하나는 "철저한 개혁"의 진행을 추구하는 칼빈(John Calvin)의 예전운동이었다. 루터는 복음에 배치되지 않는 한 예배의 전통을 그대로 존속시키려고 하였고, 칼빈은 성서의 적합한 근거를 갖지 않은 예배의 전통에 대하여 철저한 개혁을 해야 한다는 입장을 취했다. 루터는 종교개혁자들 중에서 변화를 시도하는 것을 가장 주저한 사람이었다. 자기 자신은 자주 변화의 필요성을 역설하면서도 실제로 그의 추종자들이 변화를 시도하려고 하면 공공연히 논박을 하였다. 루터가 예배의식을 개혁하는 일에 착수하기까지 그의 추종자들 또한 같은 생각이었다. 몇 가지 독일식 미사(German Masses)가 생겨났지만 대부분 루터가 주장한 형식에 따라 개정되게 된다. 그때까지도 루터는 미사형식을 바꾸기를 몹시 꺼렸었고 계속해서 관례대로의 방법으로 돌아갈 것을 주장하였다. 그러나 차츰 루터는 새로운 예배 형식을 마련하기 위한 움직임을 막을 수 없는 대세를 깨닫고 1523년 미사전례(Formula Missae)를 발간하기에 이른다.

루터가 주장한 이 미사는 새 믿음에 적합한 새 형식의 예배라고 믿어지고 있었지만 사실은 전혀 새로운 것이 아니었다. 라틴어를 포함하여 기타 여러 가지 과거 예배 요소들을 그대로 갖고 있는 로마 가톨릭교회의 미사의 축소판이었다.[77] 두 번째 1526년에 발간된 독일 미사(Deutsche Messe)에서는 변화의 폭을 훨씬 넓혔는데, 그것은 보다 개혁적인 그의 추종자들을 제지하기 위한 의도로 보인다. 이 독일 미사는 여러 세기를 통해 발전하여 온 기독교의 성례전적 예배의 정신과 구조를 보조하면서도 루터 교회의 신학과 정신을 바탕으로 하여 예배 순서와 예배의 내용을 담으려고 하였다. 루터는 설교와 성경봉독을 예배 중 가장 중요한 부분으로 생각하였다. 그는 신약에 나타난 성만찬에서의 제자 개념을 되찾아 보려고 노력했으며, 미사 도중에 교리를 소리 내어 말하는 것과 미사

---

77) R. Abba, p.38.

를 각 지방의 언어로 진행토록 하였다. 그리고 성만찬을 매일 모든 교회에서 기념할 것을 주장하였다. 한편 화체설에 대한 로마 가톨릭교회를 공박하면서 미사가 예수의 희생을 반복하는 것이라고 가르치는 것은 잘못이라고 지적하였다.

루터는 화체론을 수정하여 성체공재론(편재론)(the Doctrine of Consubstantiation)을 수립하였다. 다시 말하면 떡과 포도주는 축성 후 물체의 모양은 그대로 있으나, 물질은 하나님이 행하신 기적에 의하여 실제로 그리스도의 몸과 피로 변한다는 화체론(Transubstantiation)을 약간 수정하여, 떡과 포도주는 본질적으로 변하지 않지만 그리스도께서 떡과 포도주 안에 "몸으로"(Bodily)임재하시고 그 성물과 "몸으로" 함께 하신다고 주장하는 공재론을 주장하였다. 이 공재론은 루터의 기독론 중 "편재하시는(Omnipresent)주님에 관한 신앙과 연결된 것이다."[78]

무엇보다도 그는 새로운 찬송들을 자국어로 부를 것을 적극 권장하였다.[79] 이에 따라 새로운 찬송가들이 많이 작곡되었으며 불리워지게 되었다. 이것은 예배의식의 개혁에 있어서 가장 중요한 공헌을 한 것도 사실이지만, 루터는 일반적으로 종교 개혁자들 중 가장 보수적인 사람으로 일컬어진다. 그는 특정한 날에는 라틴 미사를 드릴 것을 주장했으며, 성찬을 받기 전에 불을 켜 놓는 것, 제복의 사용, 제단, 성체용기, 그림, 십자가상, 종 등을 바꾸지 않고 그대로 존속시켰다. 성만찬에 있어서도 제단을 벽에서 떼 내어 성만찬을 집전하는 것은 동의하였지만, 그 자신은 계속해서 독일식대

---

78) 박은규, 「예배의 재발견」 (서울: 대한기독교서회, 1988), p.122.
79) Ibid.

로 회당의 동편 위치에서 성만찬을 진행하였다. 그러기에 오늘의 개혁교회 예배의 안목으로 볼 때는 가톨릭 미사의 보존이라는 인상을 크게 벗어나지 못한 모습을 오늘도 볼 수 있다.

맥스웰(William D. Maxwell)은 루터의 공예배 특성을 다음과 같이 말한다.

(1) 살아계신 말씀과 함께 그리고 그 안에서 그리스도의 사귐이 있었다.

(2) 주님의 만찬이 중심이 되는 인식이었다. 이것이 그리스도교의 세계전역에서 매일 거행되어야 한다고 루터는 믿었다.

(3) 그는 그리스도께서 성찬의 음식에 실제로 임재 한다고 믿었다. 이 교리를 성체공재론(聖體共在論)이라고 불렀다

(4) 미사는 가톨릭교회에서 주장하는 것처럼 죽음의 반복이 아니라 그리스도인들이 그리스도와 함께 자신을 바쳐서 그의 희생에 동참하는 것이다.

(5) 루터는 자국어로서 미사를 드리도록 권하였다. 그 첫 미사는 1521년 비텐베르그에서 제복을 입지 않고 거행되었다.

(6) 루터는 라틴어와 대부분의 의식적인 등불과 분향 및 제복을 사용하여서 로마 교회의 옛 관계로 돌아갔다.[80]

이와 같이 루터의 예배의식 개혁은 매우 소극적인 것이었다. 루터는 성경에 명확하게 금지되지 않는 것은 어떤 것이라도 변경하기를 주저하였다. 형식에 있어서 루터의 독일어 미사는 많은 부분

---

80) W. D. Maxwell, p.8.

에 결함이 많았다. 그러나 그는 예배정신을 넓게 하였고, 이제 무엇이 행하여지고 있는지를 알게 되었으며, 특히 중요한 것은 말씀과 성찬이 분리된 중세 교회의 공예배 변질에서 "말씀과 성찬 예식의 균형을 회복"시킨 큰 공헌을 했다.[81] 또한 루터가 찬송가에 끼친 공헌은 영광스러운 유익을 가져왔다.[82]

2. 쯔빙글리(zwingli)

스위스의 취리히(Zurich)지역을 중심하여 예배의 개혁을 주도했던 쯔빙글리와 그 계열을 살펴보자. 이들은 루터계와 전폭적으로 입장을 달리하는 측으로서 미사를 정면으로 부정하는 기본정신을 갖고 개신교의 새로운 예배를 주장했다. 그는 루터처럼 경험적 신앙에서 출발했다기보다는, 에라스무스(Erasmus)의 휴머니즘의 영향을 받고 그러한 학문으로 기초를 닦은 지극히 합리주의적인 개혁자였다. 그는 개혁의 출발과정에서는 대단한 조심성을 가지고 신학과 설교를 진행시켰으나 개혁의 중반기부터는 루터보다 훨씬 강력하고 직선적인 결단을 발휘, 개혁을 추진했던 인물이었다.

쯔빙글리는 로마교회가 가지고 있는 일체의 신조나 예전을 부정해버리는 극단적인 개혁의 주도자로 등장했다. 교회에 유익을 끼칠 가능성이 있었음에도 불구하고 과거의 전승과 많은 예식을 제거해버렸다.[83]

---

81) Abba, p.38.

82) Segler, p.57.

83) Robert E. Webber, 「예배학」 김지찬 역, (서울: 생명의 말씀사, 1988), p.96.

쯔빙글리는 신앙은 물질적 통로나 외적인 수단과는 별도로 오직 성령을 통해서만 얻을 수 있다는 확신에 차 있었다. 1525년 그의 무리들이 드린 예배에서 음악을 모두 배제하고 시편의 교송(交誦)으로 대체했으며, 봉헌의 기도나 중보의 기도마저 사용하지 않았다. 그리고 매주일 가졌던 성만찬을 폐지하고 1년에 4번 집례토록 했으며 그 신학적 의미도 기념적 성찬(Memorial Feast)으로 제한시키는 예배 내용을 주장하여 그의 교회에서 직접 실행하였다.

1523년 "미사의 법규에 대한 공격"이란 책을 출판하면서 자신의 예배관을 피력했고 그 후 1525년 "주님의 만찬의 실제활동"이란 책을 통하여 지금껏 지속되었던 성만찬의 존엄성을 격하시키는 새로운 이론을 폈다.[84] 쯔빙글리의 예배 개혁은 눈에 보이는 예전의 형식이나 경건의 태도를 경시하고 오직 성령을 통한 믿음의 성장을 강조하기에 이르렀다. 이러한 예배 개혁은 현재의 예배 신학자들에 의하여 가장 미흡한 개혁교회 예배 내용을 담은 것이었으며, 가장 슬픈 영향을 후대에 남겼다는 평가를 받기도 하였다.[85]

3. 칼빈(John Calvin)

칼빈은 루터와 쯔빙글리의 양극적 주장에 중도적 입장을 취하고 예배에 있어서 복음적인 위치를 회복하려 했다. 당시의 가톨릭교회의 미사를 대부분 계승한 루터교의 문제점과 지나친 개혁을 주장

---

84) 김수학, p.55.
85) William D. Maxwell, pp.81~87.

한 쯔빙글리의 입장을 최대한 좁힌 예배 예전을 개신교의 예배 속에 이행함으로써 사실상 개혁교회의 중추적 역할을 담당하는 자리에 서게 되었다.[86]

칼빈의 공예배 의식의 표준은 "성경과 초대교회의 전통"에 두고 있다.[87] 많은 사람들이 주장하는 것처럼 설교를 미사예배로 대치시키려고 원한 것도 아니고 형식화된 중세기의 미사를 말씀과 성례전의 균형을 이루는 공예배를 원하였다.[88] 칼빈은 말씀(Preaching)과 성례전(Sacraments)을 예배의 구심점으로 하고 회중들이 적극적으로 참여할 수 있는 의식을 갖춤으로써 초대교회의 복음적 예배 의식에 접근했으며, 교회의 전통적인 감각을 살리는 예배 예전을 마련하게 되었다.[89]

칼빈은 루터보다 더 적극적이고 근본적인 태도로 예배 개혁을 과감하게 단행하여 "예배의 형식에서 로마교회의 미사의 어떠한 단편적인 중요성도 그대로 인정"[90]되지 아니했다. 다만 성경에 명백히 인정된 것만이 예배에서 자리를 차지할 수 있었다.

칼빈은 장식과 의식의 상징을 하나님의 영광을 깎아내리는 비성서적인 고안이라고 간주되어 전래되어온 모든 의식을 타파하고 가장 단순한 예배 형식으로 환원했다. 뿐만 아니라 중세기 예배를 "무신론적인 요소가 가미된 죄된 것"[91]이라고 혹평하였다. 이에 대

---

86) 정장복, "예배의식에 대한 복음주의적 이해" 「성경과 신학」 6권, (1988.9), pp.27～53.
87) R. Abba, p.39.
88) 김수학, p.56.
89) M. Segler, p.60.
90) Raymond Abba, p.39.
91) Evelyn Underhill, Worship, (New York: Harper and Brother, 1957), p.287.

하여 언더힐 (E. Underhill)은 "오르간도 성가대도 도저히 있을 수 없고 벽에 걸어놓은 십계명 패를 제외하고는 교회 안에 아무런 장식도 없었다. 예식을 갖추기 위한 특별한 거동도 금했다. 찬송도 성경에서 유래된 것 외에는 부르지 못했다. 텅 비어 쓸쓸한 예배당이 칼빈에 의하면 신성하다는 것이었고 이것으로써 인간은 하나님께 대하여 무슨 공로로서도 접근할 수 없는 것을 상징할 수 있었다"[92]고 말한 것이다. 예배는 언제나 하나님의 부르심과 은혜의 계시가 선행되어 인간이 하나님의 초청에 응답하는 것이다. 칼빈의 예배는 구속받은 영혼이 하나님께 오직 영광을 돌리려는 목적으로 하나님의 압도적 은총의 주권적 시행을 찬양하며 그 하나님께 몸바쳐 충성하겠다는 결단으로 응답하는 것이 예배의 중심이다. 모든 예배는 반드시 그리스도가 구주요, 주님이라는 신앙이 있어야 한다. 왜냐하면 그리스도만이 하나님과 인간 사이에 "모든 흠에서 정결케 하는 중보자시며 그의 깨끗함으로 우리가 용납될 수 있기 때문"[93]이다.

우리가 그리스도의 은혜를 신뢰하고 기도할 수 있고, 하나님께 부르짖을 수 있는 것은 예수 그리스도의 피를 하나님이 우리와 맺은바 계약의 표로 갖고 있기 때문이다. 만약 그리스도가 우리의 구원을 위하여 희생제물이 되지 않았다면 우리가 아무리 하나님의 이름을 찬양해도 오히려 더러운 입술로서 그를 모독하는 것이 되고 말 것이기 때문에[94] 예배는 예수 그리스도의 구속에 대한 믿음

---

92) Ibid.
93) Inst., Ⅱ.5.6.
94) Wilhelm Niesel, 「칼빈의 신학」 이종성 역, (서울: 대한기독교서회, 1957), p.153.

으로 드려져야 한다.

칼빈에게 있어서 예배는 하나님의 절대주권 앞에서 철저히 무릎 꿇고 오직 하나님께만 영광을 돌리는데 있었기 때문에 오히려 금욕적이었고 이방인의 예배의식이나 우상숭배의 위험이 있는 심미적인 것이나 감정적인 효과를 위한 어떠한 의식도 철저히 배격하였다. 웨스트민스터 신앙고백에도 "참 하나님을 예배하는 좋은 방법은 하나님이 정해주셨다. 하나님이 인간의 어떤 망상이나 의향에 따라서 예배하거나 또는 어떤 가견적인 물질을 사용하거나 성경에 기록되어 있지 않은(신 12:22, 마 15:9, 행 17:25, 마 4:9~10, 신 45:15~20, 출 20:4~6, 골 2:33) 어떤 방법을 통하여 사단의 지시에 따라 예배하지 못하게 하시기 위하여 하나님은 계시된 자기의 뜻에만 따라 예배하도록 정하셨다"[95]고 한 것이다.

칼빈은 자기가 새로운 신학을 전개한다든가 새로운 교회를 창조하고 있다고 생각하지 아니하였다. 개혁운동에 있어서 하나님의 말씀과 초대교회의 전통을 연구하여 예배에 반영하였는데, 그의 예배 본질은 다음과 같은 특징이 있다.

첫째, 하나님의 영광과 주권

하나님의 절대주권 앞에 무릎 꿇는 것이 칼빈의 생애의 최고의 목적이었고, 실제 그는 오직 하나님의 영광을 위하여 목숨을 바치는 삶을 추구하였다. 이 기본 사상은 받은 은혜에 대한 사랑과 헌신으로 감사에 응답(Response)하는 예배를 통하여 오직 하나님께 영광(Soli Deo Gloria)을 예배의 최고 최선의 목표로 삼았다. 칼빈은

---

95) 「웨스트민스터 신앙고백」 21,1.

십계명을 가르치는 서언에서도 예배자는 하나님께서 요구하시는 주권을 이해하는 데서 시작해야 할 것을 강조했다.[96]

그러므로 교회는 이러한 원리에 순종해야 한다. 예배는 인간의 욕구를 충족시키기 위한 것이 아니고 하나님의 영광과 주권에 대한 고백과 순종으로서 나타나야 할 것이다. 칼빈주의적 예배에 있어서 기도와 찬송도 하나님께 대한 영광 개념에서만 이해할 수 있다.

둘째, 복음 선포자로서의 설교

칼빈에게 있어서 예배의 최대의 강조점은 말씀 전파를 요구하는데 이것은 개혁자들이 가장 강조하던 내용이다. 그것은 하나님께서는 그의 말씀을 통하여 구원과 생명의 역사를 행하시기 때문이다.

칼빈에 의하면 참된 교회의 표식(Sign)이 하나님의 말씀이 순수하게 선포되고 성례전이 집행되는 것이라고 말하며 이것의 성서적 근거를 에베소서 4장 10절에서 13절로 삼고 주장한다.[97]

참된 교회는 그리스도가 그들의 예배를 받으시는 곳에 있다. 어디서든지 하나님의 말씀을 발견하고 거기서 그의 말씀이 순수하게 전파되고 들을 수 있으며, 성례전이 그리스도의 지시대로 시행되는 곳에 하나님의 교회가 있다는 것을 의심치 아니했다.[98] 칼빈은 하나님의 말씀은 하나님이 교회에 주신 가장 큰 선물이라고 생각하였다. 그리하여 하나님의 말씀을 듣고(Hear), 받는(Receive) 것보다 더 가치 있는 것은 없다고 믿었다. 칼빈에게는 설교도 일종의 하나님의 말씀의 성례전이라고 보았으므로 말씀과 성례전은 실제로 하

---

96) 정성구, p.612.

97) Inst., Ⅳ.1.5.

98) Ibid., Ⅳ.1.9

나임을 의미했다. 중요한 것은 "인간이 사죄함 없이는 하나님 앞에 설 수 없으며 이 은사는 교회에 속하고 이 은사가 교회의 목사들의 설교나 성례전을 통하여 베풀어 준다"[99]는 것이다. 실제로 개혁자들은 엄청나게 많은 설교를 감당했다. 종교개혁이 일어난 지방은 주일날에는 두 번 또는 세 번의 설교가 있었으며 주간에도 여러 차례의 설교가 있었다. 어떤 때는 설교자들은 일주일 동안 계속해서 설교하기도 했다.[100]

종교개혁 당시의 말씀에 대한 의미는 기록된 말씀과(Written Word) 선포된 말씀(Preached Word)을 모두 포함하였다. 그때의 말씀 전파의 불길은 성경의 재발견과 때를 맞추어 확산되었을 뿐만 아니라 성경에 대한 새로운 번역의 시도가 동시에 일어났기 때문에 이 말씀 증거의 운동은 더욱 활발하게 되었다.[101]

전파된 말씀은 성경과 거의 동일시 되었음으로 개혁교회에서는 성경을 읽는 것과 설교를 한다는 것은 성경을 잘 해석하는 데서 출발했다. 그래서 개혁파적 설교는 강해설교(Expository Preaching)로 특징지을 수 있으며, 이것은 달리 말하면 케리그마적 설교(Kerygmatic Preaching)라고 할 수 있을 것이다.[102] 신약시대의 예배가 희생의 예배(Worship of Sacrifice)의 형태가 아니고 말씀 중심의 예배(Worship of Word)라면 칼빈주의적 예배는 설교 중심의 설교를 재건(Reestablish Worship by Preaching)한 것이라고 할 수 있을 것이다.[103]

---

99) Ibid., Ⅳ.1.22.

100) 정성구, "칼빈주의적 예배 원리," 「홍순우 목사 회갑문집」 (1989), p.611.

101) Ibid.

102) John H. Bratt, The Heritage of John Calvin, (Grand Rapids:Eerdman, 1973). p.90.

103) George Johnson, "Calvinism and Worship," Evangelical Quaterly, Vol. Ⅳ(1932)

종교개혁자들이 이해한 것은 하나님의 말씀을 설교하는 자는 바로 하나님의 도구로 인식했다. 그래서 루터는 설교에 대한 자기의 태도를 고백하면서, "내가 설교하기 위하여 강단에 오를 때나, 성경을 봉독하기 위해서 강단에 섰을 때 그때는 이미 나의 말이 아니라 나의 혀는 미리 쓰신 분(하나님)의 편에 지나지 않는다"고 확신했다.[104] 칼빈은 "영으로 계신 하나님은 설교의 말씀 선포 가운데 그리고 그 말씀을 듣는 청중에 꼭 같이 일한다"고 하였다.[105] 칼빈은 루터처럼 "말씀과 신앙이 상관관계가 있다"고 보고 성만찬까지도 "말씀의 표"(Sigilla Verbi)로서 이해하였다.

칼빈주의자들의 예배 원리로서 설교를 가운데 둔 것은 성경 외에 무엇을 첨가하지 않으려는 태도에서 비롯된다. 즉 하나님의 계시를 알려주는 길은 설교를 통해서 된다는 것이다.[106] 그래서 설교 중심의 예배는 단순성을 요구하면서 그 말씀 증거를 통해서 성령의 사역을 강조하게 된다.[107] 그러므로 칼빈주의적 예배에 있어서는 말씀 선포를 통해서 은혜를 체험하게 하는 것이다.

셋째, 예배 순서의 단순성

로마 가톨릭의 미사(Mass)와 비교할 때 칼빈의 예배의식은 매우 단순하다. 특히 예배의 순서를 단순화 시켰다. 칼빈주의적 예배에

---

pp. 380~381.
Johnson은 초기에는 말씀 중심의 설교자였는데, 점차로 중세에 들어오자 성찬 중심의 예배로 바꾸었다는 것 이다. 설교중심의 예배는 신약에 하나님께 드리는 공중 예배에 대해서 가르치는 것과 일치하고 있다.

104) T. H. L. Parker, The Oracles of God, (London: Luttworth Press, 1974), p.47.

105) John Bratt. p.91.

106) George Johnson, p.384.

107) Inst IV.3.1., IV 8.2., III 2.2., I.14.4., II.8.46., IV.8.8.

있어 가장 중요한 것 중의 하나는 찬송과 기도이다.[108] 그런데 이 둘을 하나로 보았다. 왜냐하면 찬송은 기도의 노래 형태로 보았다. 그리고 찬양도 주로 시편에다 곡을 부친 것을 사용했다.[109] 칼빈은 쯔빙글리(Zwingli)와는 달리 음악은 "교회에 주신 하나님의 첫 번째 선물"로 이해하였다.[110]

그리고 시편 찬송을 "종교의 중요한 요점"으로 말하기도 했다. 특히 예배음악은 "더 열렬하고 불타는 마음으로 하나님을 사모하고 찬양할 수 있도록 사람들을 움직이고 작용할 수 있는 위대한 힘과 능력을 가졌다"고 칼빈은 말하였다.[111]

물론 기도도 성경봉독 이후에 기도하거나 설교 이후에 기도하기도 했으나, 가톨릭의 미사처럼 복잡성을 띄지는 아니했다. 어쨌거나 칼빈 또는 칼빈주의자들의 예배에 대한 태도는 하나님께 대한 영광에 초점을 맞추어 인위적인 무엇을 하려고 하지 않았기에 예배 순서는 단순하였던 것이 사실이다.

넷째, 말씀과 성만찬의 조화

칼빈은 하나님의 말씀 증거로서의 설교와 성만찬의 조화를 이루기 위하여 무척 애를 썼다. 성서와 초대교회 전통에서 예배의 본질

---

108) Ralph G. Turnbull, ed., 「실천신학사전」 3권, 박근원의 역, (서울: 대한기독교서회, 1981) p.345

109) 종교개혁 이후 교회 음악에는 두 가지 전통이 왔다. 하나는 루터로부터 시작한 찬송가의 전통이고 다른 하나는 요한 칼빈의 시편가의 전통이었다. 루터는 로마 가톨릭이 갖고 있는 예전 의식을 그대로 지킨데 반해서 칼빈은 이를 혹독히 비판하면서 초대교회의 모습으로 돌아가기를 주장하였다. 종교개혁 이후 개신교회는 이 두 가지 전통이 상당히 각각 발전되어 오다가 결국에는 두 전통이 통일되고 혼합되어 오늘의 개신교회는 이 두 가지 전통이 공존하게 된 것이다. cf. 최시원, "칼빈과 시편가의 전통," 「빛과 소금」 (1987.2), p.127.

110) Ibid.

111) John H. Bratt, p.95.

을 찾은 칼빈은 성례전을 경시하지 않았다. 칼빈은 성례전이 우리의 전 신앙생활에 중요하다는 것을 강조하여 "성례전에서 우리는 그리스도의 살과 피에 동참한다. 따라서 그는 우리 안에 우리는 그의 고난으로 말미암아 오는 모든 은사를 즐기게 된다"[112]고 하였다. 성례전은 중보자인 예수와 연합하여 그가 우리를 위하여 쌓아 둔 구속과 의와 성화와 영생을 가져오게 하므로 성례전을 경시하거나 무시하는 것은 그리스도의 모든 공로를 무시하는 것과 같은 행동이다.

칼빈은 성찬식에 참여하는 것은 과거의 사건을 상기하지만 현재 그리스도가 물적 표식 안에 영적으로 존재해서 신자의 믿음을 굳게 한다는 점과 신자가 성찬식에 참여해서 떡과 포도주를 취하는 것이 단순한 신앙적 행동이 아니라 실제로 그리스도가 존재하는 것을 체험하고 감화를 받는다고 한다. 곧 그리스도가 물질 안에 임재하는 것이 아니라 영적으로 성례전에 임재하심으로 신자와의 신령한 교제를 체험할 수 있다는 것이다. 그러므로 단순한 기념이 아니라 신자가 축복받는 은혜의 방편으로 생각하여야 한다. 칼빈은 매주일 예배에서 하나님의 말씀 전파와 성찬식을 겸하려고 노력하였다.[113] 그것은 그리스도의 고난을 기억하고, 그로 말미암아 우리의 믿음을 강화하고, 하나님을 찬양하고, 하나님의 자비를 선포하며 또 성찬을 자주 받음으로써 상호간의 사랑을 증진하고 서로의 사랑을 증명하며 그리스도의 몸에 있는 것과 같이 서로 한 몸이 되어 사랑의 생활을 계속[114]하도록 자주 가져야 된다는 입장에 분명

---

112) Inst., Ⅳ.17.11.
113) Ibid., Ⅳ.18.46.

히 서있었다. 그러나 실제로 스트라스부르그에서 칼빈은 매월 한 번, 제네바에서는 성찬식을 일 년에 4회 밖에 할 수 없었다(부활절, 성령강림절, 9월 첫주일, 크리스마스) 그 이유는 제네바시의 행정관들(Magistrates)[115]이 칼빈이 원하는 대로 매주일 성찬을 거행하는 것을 허락하지 않았기 때문이다.[116] 칼빈은 하나님의 말씀 선포와 기도와 찬송 그리고 성만찬이 예배의 합당한 순서임을 주장했다. 다만 목회의 형편상 성찬의 횟수가 줄었을 뿐이고 그것을 가볍게 보는 것은 아니었다.

다섯째, 미신적인 예배 배격

종교 개혁자들이 1500여 년 동안 지켜온 그리스도교의 예전을 전적으로 비판케 된 근본 이유는 "영적인 하나님을 성전 안에 보이는 하나님으로 격하"[117]시켜 놓은 데 있었다. 중세 미사에서는 성모 마리아를 비롯해서 많은 순교자와 성도들이 예배 또는 기원의 대상이 되어 삼위일체 신앙을 불순케 했다. 동 - 서방의 교회가 각가지 그림과 조각상이 우상에 가까운 숭상을 받았고, 라틴어의 알아듣지 못한 낮은 목소리 등이 밀의적 역할을 하였다.[118]

또한 미사가 실체 변화설(화체설)이나 희생설(犧牲說)을 주장하

---

114) Ibid., Ⅳ.17.44.

115) 행정관이란 제네바시 공화국(칼빈 당시의) 정부(Seigneurie)수반으로서, 남자 시민의 총회인 꼼문(Commune)에서 매년 1월에 선출되었으며, 모두 4인이었다. 이 행정관들은 정부의 중앙집행기구인 소의회(Petit Conseil)의 명목상 뿐만 아니라 실제적인 지도자였다. cf. T. H. L. Parker, 「죤 칼빈의 생애와 업적」김지찬 역(서울: 생명의 말씀사, 1975), p.124(필자 주).

116) Robert E. Webber, p.98.

117) 정장복, 「예배학 개론」(서울: 종로서적출판주식회사, 1985), p.116.

118) 정용섭, 「교회갱신의 신학」(서울: 대한기독교서회, 1980), p.220.

여 참여자에게 공덕의 증진이라는 태도를 취한 것도 비성서적이었다. 칼빈은 "하나님은 우상과 엄연히 성별되며, 그만이 전적으로 예배를 받으실 분이다"[119]고 하여서 모든 미신적 요소를 배제하였다. 특히 십계명 해설에서도 제2계명의 목적이 "합법적으로 예배하는 일에 미신적 의식을 통하여 모독을 받지 않고 우리로 하여금 그를 합법적으로 경배 즉, 그가 친히 제정하신 신령적 예배를 드리도록 훈련하는데 있다"[120]고 지적하고 있다.

칼빈은 삼위일체 하나님의 신앙을 불순케 하는 예배 대상자에 있어서나, 그림이나 조각상의 장식에 있어서나, 성찬에 대한 화체설(로마교회) 공재설(루터)에 대하여 모든 미신적인 요소를 말끔히 불식시킨 점에서 중세의 미신적 예배로부터 완전히 이탈된 것이다.

4. 개혁주의 예배원리와 의식

종교개혁을 가져오게 하는 하나의 중요한 원인 중에 하나가 의미를 잃어버린 예배의 복고(復古)임에 틀림이 없었다. 이 사실을 앞에 두고 개혁자들은 몇 가지 핵심적 개혁 부분에서는 공동보조를 취하면서 전환의 대역사를 감당했었다. 그러나 개혁된 예배를 어떻게 드려야 하며, 그 해석을 어떻게 내려야 할 것인가 하는 신학적 견해차는 계속 남아 있어 예배의 형태와 내용을 달리하는 결과를 가져오게 되었다. 각각 다른 입장을 취하게 된 개혁자들은 자

119) Inst., I.12.1.
120) Ibid., II.8.17.

신들의 활동지역과 계열을 중심하여 독자적인 예배노선을 구축하였고, 거기에 따라 회중들은 분열할 수밖에 없는 양상을 나타냈다. 이것은 마침내 독자적 교단의 형성이라는 뜻하지 않던 결과까지를 후대에 남기게 되었다. 개혁자들은 자신들이 설정한 예배 형태의 결과가 오는 세대에 어떤 영향을 미칠 것인지에 대한 깊은 고려가 없이 새로운 예배형식만을 추구했던 것으로 보인다.

일리온 존스(Illion Jones)의 말처럼 개혁자들은 회중들이 무엇을 원하는가에 초점을 두었지 결코 어떻게 예배형태를 짜서 예배를 드릴 것인가에 관해서는 그 심각성을 크게 두지 않았던 것이다.[121]

개혁자들이 보여준 예배의식에 있어서의 복음적 위치를 깊이 있게 다루기 위해서는 예배 형태와 그 순서를 모두 관찰함이 타당하다. 그러나 여기에서는 예배의식을 회복하려는 노력과 교회의 전통적인 감각을 살리려 했던 개혁자들의 예배 형태와 그 순서만을 보려고 한다.

1) 루터와 그의 교회

앞에서 루터의 예배를 살펴보았으나 루터는 종교개혁의 기치를 들고 나올 때 로마 가톨릭교회를 전부 부정하고 나온 것이 아니었다. 신학적인 개혁을 주장한 것이었기 때문에 예배의식 자체를 부정하거나 예배의 획기적인 변혁을 가져오기를 가장 주저했었던 사람이었다.[122]

---

121) Illion T. Jones, _A Historical Approach to Evangelical Worship_ (New York: Abingdon Press, 1953), P.121.

122) W. D. Maxwell, p.72.

루터는 성경에 명확하게 금지하지 않는 것은 어떤 것이라도 변경하기를 주저했다.

1523년 그가 새로운 예배의 형태와 내용의 예식서(Formula Missae)를 출간하였을 때, 많은 사람들은 새 예전의 출현을 기대했으나, 결과는 장황한 가톨릭 미사의 순서를 요약한 정도에 불과했으며, 부분적으로 라틴어 사용을 허용한 특성을 보여주었을 뿐이었다. 그는 3년 후에 급진적인 변혁을 요구하는 그의 추종자들을 견제하기 위한 목적으로 독일 미사(Deutsche Messe, 1526)라는 예식서를 발간하였다. 이 예식서에서 보여준 그의 예배 내용은 성경봉독과 그 말씀에 의한 설교를 분명하게 제시한 것과 성만찬에 있어 신약적 형태와 진행을 회복하려는 노력이 표출되어 있었다. 그리고 예배진행에 있어서 자국어 사용을 뚜렷이 했고 새로운 영가(Spiritual Songs)들도 자국어로 부르도록 함으로써 찬송가 사용을 크게 강조한 점은 특기할만한 것이다. 또한 예배 순서에서 성만찬을 매주일 이행할 것을 강조하였다. 좀 더 특기할 만한 사항은 특별한 예배를 위해서는 라틴어 예전의 필요성을 인정하였으며, 성직자의 복장이나 촛불 제단, 성상들, 십자가, 종의사용까지도 그대로 지켜 나가도록 허용했다. 루터의 「독일 미사」에 실려진 예배의 형태와 내용을 보면 다음과 같다.123)

---

123) Ibid., pp.79~80.

⊙ 말씀의 예전(Liturgy of the Word)

입당송 또는 독일어 찬송
자비를 구하는 기도(Kyrie Eleison)
인사와 축문(Salutation and Collect)
서신서(Epistle)
독일어 찬송
복음서(Gospel)
사도신경(이 때 성만찬이 준비된다)
설교

⊙ 성만찬 예전(일명 다락방 예전 Liturgy of the upper Room)

주기도문의 풀이
교훈의 말씀(Exhortation)
성찬 제정의 말씀과 함께 성치 분할과 분병 분잔
성찬 참여(성만찬이 진행되는 동안 찬송을 부른다)
성만찬 후의 기도문(Posr – Communion Collect)
아론의 축복기도(Aaronic Blessing)

2) 쯔빙글리와 그의 교회

쯔빙글리가 행한 급진적 예배개혁은 종교개혁의 파문을 확산시
키는데 일익을 담당했다. 그는 예배 가운데서 그리스도의 희생의
재현이나 성상의 사용 등을 극구 반대하였다. 성경에서 허락하지

않는 것은 어떤 것이라도 용납되지 않았다. 그래서 루터 계열과는 예배의 형태나 내용을 완전히 달리하였다. 쯔빙글리의 극단적인 개혁은 예배 가운데 오르간을 비롯하여 모든 악기의 사용을 금지했으며, 시편교독을 대신하는 회중들의 찬송들을 모두 삭제하였다. 그는 성경 봉독과 기도와 죄의 고백, 그리고 설교만을 강조한 형식을 내세웠다. 그러나 1년에 네 번씩 갖기로 된 성례전을 겸한 예배의 경우는 다음과 같은 순서를 사용했다.[124]

⊙ 말씀의 예전

봉헌(성물의 준비와 배열)
기원
기도문 낭송
서신서
하나님께 영광(Gloria in Excelsis) 교송
복음서
사도신경

⊙ 다락방 예전

교훈
성찬단의 정리
주님의 기도
용서의 기도

---

124) William D. Maxwell, pp.81~87.

성찬의 말씀

분병 분잔

시편 교송

기도문

폐회

3) 부처(Bucer)와 스트라부르크 교회

스트라스부르크(Strassburg)는 본래 루터의 영향이 절대적이었던 곳이다. 그러나 1530년 부처(Bucer)가 독일어 사용 지역의 목회를 맡으면서부터 독자적인 개혁 노선을 등장하게 되었다. 그때 부처는 지금껏 루터의 바탕 위에 있던 예배 속에 쯔빙글리의 사상을 도입하기 시작했다. 그 결과 스트라스부르크에서 사용된 독일어 미사는 루터와 쯔빙글리의 성격을 띄게 되는 양상을 가져왔다. 스트라스부르크에서 처음 등장한 예전의 형태는 1524년 성 로렌스 교회의 성요한 채플에서 디볼트 슈바르츠(Diebold Schwarz) 에 의해서 진행된 것이었다.[125] 이 예배는 과격한 변혁을 시도한 면이 없었을 뿐 아니라 루터계의 것보다 훨씬 창조적인 면이 드러나 보였다. 그리고 예배자들의 영적인 표현을 담을 수 있는 부분들도 상당히 많았던 우수한 예전이었다.

이 예배 가운데 나타난 특성으로는 먼저 "미사"라는 어휘 대신 "주님의 만찬" 또는 "성찬"이라는 이름을 한 것과 사제라는 표현 대신 목사라는 칭호를 예전에 사용하기 시작한 것 등이다.[126] 그리

---

125) 정장복, "예배의식에 대한 복음주의적 이해," p.38.

고 성만찬 제단의 위치도 지금까지 벽에 붙여놓았던 것을 변화시켜 목사가 벽과 제단 사이에서 회중을 항해 서도록 하는 새로운 시도를 보였다. 또 쯔빙글리에 의하여 없어졌던 시편이나 찬송이 이 예배 가운데 복귀되는 한편 성서 일과가 사라지고 목사가 마음대로 본문을 선택하도록 하였다.[127]

성자 축일 등은 완전히 폐지되었고, 성만찬을 위한 성직자의 특별한 복장도 허용하지 않았다. 그 대신 주일이면 언제나 검정 가운을 입도록 했다. 예배 가운데서의 성만찬은 매주일 갖는 것을 원칙으로 했으나, 대성당에서만 지킬 뿐 월 1회로 바뀌는 변혁이 이때부터 시행되었다. 무엇보다도 이 예전이 예배의 발전에 끼친 가장 중추적인 공헌은 예전의 진행 모두를 회중이 볼 수 있도록 계획하였다는 것이다. 지금껏 회중을 등 뒤로 하고 드려졌던 예배에서 회중과 목사가 함께 마주보며 드리는 예배로 전환을 이룩한 것에 대하여 많은 개혁자들과 그 후대 학자들의 관심은 집중될 수밖에 없었다. 부처를 중심한 개혁자들이 드렸던 예배는 훗날 칼빈의 예배 순서에 지대한 영향을 주게 된다. 그들이 가졌던 예배의 순서는 다음과 같다.[128]

⊙ 말씀의 예전

예전준비

기 원

---

126) Ibid.
127) Robert E. Webber, p.97.
128) 정장복, "예배의식에 대한 복음주의적 이해," p.39.

사죄의 선언

시편 교송

인사와 응답

입당송

자비를 구하는 연도(Kyries)

영광송

기도문 낭송

서신서 낭독

복음서 낭독

니케아 신조

⊙ 성만찬 예전

봉 헌

성물의 배열 준비

교 훈

인사의 서송(序誦 – '주를 우러러 볼지어다')

성찬의 서문경(序文俓)

성 송(聖誦 – 시95편)

손 씻음과 기도문

전 문(典文)

　　중보의 기도

　　생활을 위한기도

　　성찬의 말씀

　　회상

주님의 기도(음률을 첨가한 송영으로

성 상패(Pax:목사와 성도들이 입을 맞추는)

하나님의 어린 양을 노래하는 기도

성만찬 기도문

성도들의 교제

분병 분잔 및 참여

성찬 후 기도문

인사와 응답

강복 선언

4) 칼빈과 그의 교회

칼빈이 예배 형태에 대하여 보인 직접적인 관심은, 1538년부터 1541년까지 스트라시부르크에 망명하여 프랑스계 회중들을 목회하던 시절에 구체적으로 나타났다. 그는 무엇보다도 이 예배의 두 중심점을 설교와 성례전에 두고서 새로운 예배를 구상하기 시작했다.[129] 그는 예배순서 속에서 초기 교회가 가졌던 내용을 살리는 예배를 마련하기 원하였으며 이 일을 진력한 것도 사실이다. 그러나 그는 독자적인 새로운 예배의 형태를 개발하지 않고 결국 부처가 사용했던 예전에 약간의 수정을 가한 채 예배의식을 갖추게 되었다.[130]

예배의 부름, 용서를 위한 기도, 설교, 중보의 기도 등을 보완하

---

129) Robert E. Webber, p.98.

130) R. C. D. Jasper and G. J. Cuming, Prayers of the Eucharist Early and Reformed (New York:Oxford, 1980), 2nd ed., p.153.

고 대신 자비의 연도(Kyrie Eleison)나 영광송 등을 생략한 것을 제외하고는 부처의 형식을 그대로 사용했던 것이다. 다시 말하면 부처가 이미 루터와 쯔빙글리의 예배의식을 종합해 놓은 것에다가 자신의 주장을 가미한 정도에 불과했다고 볼 수 있다. 그러나 성만찬의 중요성을 철저히 인식하여 매주일 거행할 것을 주장한 점은 그의 신학에 근거한 분명한 특성이기도 하다. 그는 1542년에 펴낸 바 있는"초대 교회의 예전에 따른 기도의 형식과 성찬 집행 방식"131)에 나타난 형태와 순서는 다음과 같은 것이 있다.

◉ 말씀의 예전(The Liturgy of the Word)

예배의 말씀: 시 124:8
죄의 고백
사함의 말씀
용서의 선언
운율을 사용한 시편 낭독
성령의 임재를 위한 기도문
성경 말씀
설 교

◉ 만찬의 예전(The Liturgy of the upper Room)

구제를 위한 헌금
중보의 기도

---

131) Illion T. Jones, p.127.

주님의 기도(해설을 참가함)

성물의 준비

사도신경(노래로)

봉헌의 기도

주님의 기도

성만찬을 위한 말씀

성만찬을 위한 말씀 증거

성체 분할식

분병 분잔

성만찬 참여

성찬 후 기도문

시므온의 찬미(눅 2:29,32)

아론적 축복 기도(민 6:24 – 26)

한국교회 예배의 조명

앞에서 고찰한 바와 같이 종교개혁을 통하여 미신적인 예배 요소가 제거되고 말씀의 본질을 찾은 것은 중요한 것이었으며, 진정한 개혁정신에 의한 예배는 말씀과 성례전이 수반되는 예배임을 강조하였다. 그러면 한국 개신교회의 예배는 어떤 성격과 형태로, 한국이라는 풍토에서 어떻게 정착되었는지 살펴보겠다. 한국 교회의 예배가 종교개혁 원리와 예배의식에 의하여 조명해 볼 때 좋은 점들을 가지고 있지만, 무엇이 문제인가를 아는 것도 예배 갱신의 방향을 위해서 중요한 것이다.

1. 전승된 형태

초기 한국 개신교에 전승된 예배 형태는 성만찬을 소홀히 여기고 즉흥적이고 부흥회적인 설교 중심 예배였다. 한국 개신교는 지난 1세기를 예배에 대한 관심보다는 뜨거운 말씀전달에만 개혁정신이 모든 함유되어 있는 듯한 인상을 풍겨왔다. 그러나 칼빈은 "진정한 교회는 말씀이 바르게 선포되고 성례전이 진정으로 집례되어지는 곳"이라고 정의한 바를 서론에서 기술하였다.

한국교회 예배를 이해하기 위해서는 초기 전승자들의 신학 훈련의 배경과 그들이 속한 교회의 예배를 이해하는 것은 매우 중요하다. 초기 한국에 예배를 전승한 것은 미국의 장로교회와 감리교 선교사를 통하여 선교되었다. 1885년 4월 5일 인천에 상륙한 장로교회의 언더우드(Horace G. Underwood)와 감리교의 아펜셀러(Henry Gerhart Apenzeller), 부처 세 사람이 개신교 한국 선교사로 첫발을 디딘 것이다.[132] 언더우드는 영국 태생으로 13세기에 미국으로 이주 네덜란드 개혁교회에 교적을 두고 네덜란드 신학교를 졸업한 후 북미 장로교회의 선교사로 임명받아 한국에 왔으며 당시 나이는 불과 25세였다.[133]

그리고 아펜셀러는 미국 펜실베니아 태상으로 본래 루터교 신자였으나 장로교회의 부흥회에 참석했다가 장로교로 전향했다. 그러나 다시 감리교로 교적을 바꾸어 드류 신학교를 졸업하고 선교회로부터 선교사로 임명받았다. 한국 선교사로 출발하기 위하여 1884

---

132) 민경배, 「한국 기독교회사」 (서울: 대한기독교서회, 1973) p.112.
133) Ibid., p.131.

년 12월17일에 서둘러서 엘라다지(Elaa Dadge)와 결혼식을 올렸다.[134] 인천에 상륙하던 때는 그 다음해인 27세의 젊은 나이였다. 그들은 자신들의 전통대로 청교도적인 예배를 전승해 준 것이다. 영국 교회를 반항하여 일어났던 청교도들은 칼빈의 주장대로 성서 안에 명백하게 인정된 것만을 허용하였다. 그리하여 청교도들은 1559년의 영국교회 기도서(Book of Common Prayer)를 거부하였다.

그 이유는 로마 가톨릭교회의 예전 형식과 너무나 유사하다는 것이고, 그리고 다른 지방에 있는 개혁 교회들이 인정하여 지키는 예배형식과 많이 다르다는 것이었다.[135] 그들은 존 낙스(John Knox)의 제네바 예식서(Genevan Service Book)를 사용하다가 그것이 스코틀랜드의 영국 청교도들의 예배의 책이 되었다. 이 책이 청교도 예배의 본질적 성격을 나타내는데 첫째, 하나님의 말씀은 예배의 충분한 기초가 되며 사도적 단순성을 예배의 관례로 한다.

둘째, 기도의 어법은 성서적이어야 하고 시편이 찬송가보다 우선권 있었고, 주님의 기도가 사용되었다.

셋째, 설교의 중심성은 예배에 있어서 하나님의 말씀의 중요성을 입증한다.[136] 그들은 "말씀에 대한 직무"(Ministry of Word)를 강조하여 주일 외에도 설교했으며 성령의 인도따라 즉흥 예배를 드려야 한다고 주장했다. 자유기도와 즉흥기도를 불가능케 하는 어떤 예배 형태도 반대하였다.[137] 특히 1644년 "웨스트민스터 예배 규칙

---

134) 조선출, 「그리스도교 대사전」 (서울: 대한기독교서회, 1972), pp.667~668.

135) 정용섭, 「교회갱신의 신학」 (서울: 대한기독교서회, 1972), p.53.

136) Horton Davies, The Worship of the English Puritans, (London:Dacre Press, 1976,) p.32.

137) Raymond Abba, 「기독교 예배의 원리와 실제」 허경삼 역, (서울: 대학기독교서회, 1974), p.51.

서"는 17세기 청교도 예배의 대표적 문서인데 내용은 본질적으로 예배 의식서가 아니라 예배 구조와 내용에 관한 일반적인 지지를 줌과 동시에 예전적 기도와 자유기도를 다 용인하는 규칙이다.[138]

초기 청교도들은 성만찬을 매주일 거행하였으나 후에 스코틀랜드 형제들의 영향 하에 1년에 4번 시행하였다. 중요한 것은 초기 청교도들이 제네바 예배의식의 전통 위에 서 있었기 때문에 그들의 예배 구조가 말씀과 성만찬 중심적이었다는 것이다. 그러나 후에 영국 프로테스탄트 교회의 예배는 18세기에 쇠퇴의 길로 들어섰다.[139] 그것은 아침 예배가 교회의 공중 예배로서 성만찬 예배를 대신하여 행세하게 되었고, 장로교회, 침례교회 등 비국교도 사이에서는 설교를 지나치게 강조한 나머지 옛 청교도 예배의 성만찬 규범이 모호해졌고, 개혁파의 전통적인 장엄한 예전적 기도가 즉석 기도 때문에 밀려나게 된 것이다. 청교도들이 미국으로 건너간 초기 미국 교회의 큰 교파는 회중 교회와 장로교회였다.

이 두 교회의 신학은 칼빈주의적이고 예배는 청교도적이었다. 미국 사람들이 "새로 얻은 자유가 독립을 즐겼던 미국초기 생활무대는 예배에도 청교도적 자유가 매우 적합하여 어떤 고정된 예배 순서를 배격[140]"하였다. 이들은 죄인을 건져내는 일이 급선무라고 생각했기 때문에 예배의식은 중요하게 다루지 않았다.

미국 개척시대의 예배 특징은[141] (1) 예배에 일정한 형식이 없었

---

138) 정용섭, p.54.

139) Ibid., p.55.

140) Franklin M. Segler, 「예배학원론」 정진황 역, (서울: 요단출판사, 1981), p.67.

141) Keneth G. Phifer, <u>A Protestant Case for Liturgical Renewal</u>, (Philadelphia:The Westminster Press, 1965), p.103.

다. (2) 예배의식을 거행할 안수 받은 사람의 부족으로 의식거행이 자주 없었다. (3) 회중 편에서 교육받은 목회를 조직화 하는 의미로 보아 의심스러워 하였다. (4) 설교는 예배의식에서 가장 중요했다. (5) 기도는 자발적이었고 교역자와 마찬가지로 평신도들도 드렸다. (6) 예배자들의 열광이 감정적 황홀로 나타났다. (7) 예배순서의 특징이 수많은 찬송에 있었다. (8) 예배의 특징은 즉각적으로 드리는 식이었고 과거의 전통에 거의 주의를 기울이지 않았다. (9) 예배의 장소는 의식에 알맞도록 만들 생각이 없었다.

미국으로 건너간 청교도들의 후예들이나 미국 프로테스탄트 교회 예배는 메마른 배경을 가지고 있었으며 미국 선교사들이 한국교회에 전승해준 예배도 성만찬이 약화된 예배라는 것이다.[142] 민경배는 "성찬예식을 모르고 그 성례 위에 세워지지 아니한 한국 개신교회가 세워진 셈이다"[143]라고 지적하였다.

따라서 정용섭은 선교사들에 의하여 한국에 이식된 예배에 관하여"그 특징은 예배의식(Liturgy)이 없는 전도 설교 위주의 예배와 경건주의 영향이 확대된 개인주의, 부흥회와 함께 동반해온 감상주의 내지는 주정주의"[144]예배라고 하였다.

눈에 보이는 말씀인 성만찬은 들려준 말씀에 대한 확신으로 주신 것이다. 우리는 믿음이 없다. 그래서 하나님이 믿도록 주셨다. 눈에 보이는 말씀인 성만찬이 있어야 신앙에 도움이 된다. 신자가 성찬에 참여하여 예수 그리스도를 먹고 마심으로 그리스도와 연합

---

142) 정용섭, p.56.
143) 민경배, p.66.
144) 정용섭, "그리스도교 예배이 신학," 「기독교 사상」 1978. 12, p.129.

하여 영원한 생명을 얻게 된다. 이것은 신자가 축복받는 은혜의 방편이 된다. 성만찬은 들려주는 말씀을 믿을 수 있도록 가시적으로 주신 하나님의 말씀인 것이다.

한국 개신교 전승기의 예배는 성례전이 빠진 유대 회당식 예배와 즉흥적인 전도 집회 형태가 절충된 부흥전도설교 중심의 예배였다고 하겠다. 이런 예배 전승에 정승복은 "초기 한국 교회에 복음을 전해준 예배순서와 그 의미가 지금껏 수정이나 보완 없이 수많은 교회에서 그대로 행해지고 있다는 사실을 우리는 긍지로 생각해야 하는지, 아니면 예배의 의미와 그 신학을 더듬어 보면서 부족을 메워 보려는 노력을 기울이지 않는 책임을 통감해야 하는지 생각해야 한다."고 하면서 "의지 없이 던져진 옛것을 붙잡고 그것을 진리인 양 숭배하는 것이 보수인지, 아니면 종교개혁자들이 실행하고 남긴 유산을 찾아 우리 기독교의 본래적인 예배를 체험하며 하나님과 나와의 감격적인 만남을 가져보는 것이 보수적이요, 복음적인 것인지 이제는 솔직하게 생각하고 결단을 내릴 때이다"라고 지적하다.[145]

예배형식은 각 교회의 문화적 상황에 따라 토착화(Contextualized)되어야 마땅하다. 그러나 현대의 예배가 성령의 인도하심을 받아 오랫동안 전승되어온 예배 유산과 본질적으로 동떨어져서는 안 된다.

한국 개신교의 예배가 종교개혁 예배의 전승이 아니고 성만찬이 약화된 미국 청교도적인 예배가 전승되었다는 점에서 깊이 연구하고 결단할 예배 현실문제가 남아있다. 예배 학자 지글러(Franklin M. Segler) 는 미국 자유교회에서 예배 의식의 쇠퇴를 준 요소는 의

---

145) 정장복, "예배를 다시 생각해 본다." 목회자를 위한 10차 전문과정 강의안, (1981. 5. 25~28).

식적인 예배(Litugical Worship)에 대한 과장된 적개심이었다고 지적하면서 미국 초기 자유교회 지도자들은 영국 교회의 공 예배 의식을 닮는 것을 피하기 위하여 그들은 극단적으로 나갔기 때문에 초기 미국교회 공 예배 의식은 빈곤하게 된 것이라고 하였다.[146]

이러한 예배의식을 "아무런 신학적 연구나 검토 없이 모방한 것이 한국 개신교 공예배 의식이며",[147] "선교사에 의해서 전승된 예배순서나 의식이 아무 발전 없이 그대로 정착된 것"[148]이라고 지적하게 된다. 가톨릭이나 희랍 정교회의 예배가 너무 복잡하고 신비적이며 형식화 되었다며 한국 개신교회의 예배는 너무 간단하게 틀에 박혀버린 예배의식이 되어버렸다.

앞에서 종교개혁자들은 말씀과 성례전적인 공예배를 강조하였다. 그러나 한국 개신교에 정착된 예배 형태는 성만찬이 소홀이 된대도 목사 독무대의 부흥회적인 설교 중심의 빈곤한 예배로 정착되었다. 초기 개신교 선교사들에 의하여 전승된 예배에서부터 성만찬을 중요시 하지 않았다. 또 각 교단마다 헌법에 성만찬을 년2회, 또는 몇 회로 규제하고 있음을 볼 때,[149]말씀과 성례전의 균형을 이루는 종교개혁 예배정신에 의한 갱신이 시급히 요청된다. 한국 교회도 초대교회와 종교개혁자들의 예배와 마찬가지로 성만찬을 성실히 수행해야 한다. 의미 있는 성만찬을 수행할 때 구원사건이 일어날 것이다. 그렇다고 해서 성만찬을 받으면 무조건 구원사건이

---

146) Franklin M. Segler pp.68~9.

147) 김기현 "예배와 생활의 일치를 위한 교회 갱신." (목회학 박사 학위 논문, 아세아연합신학 대학 대학원, 1983.), p.11.

148) 김성호, "예배의식의 토착화로의 접근," 「기독교 사상」 1979.9, p.30.

149) 기독교 대한성결교회 「헌법」, p.54 대한예수교장로회(통합), 「헌법」 p.212. 대한예수교장로회 (합동), 「헌법」. 대한예수교 장로회(고신), 「헌법」 p.203.

일어난다고는 볼 수 없다, 거기에는 신도들의 신학적인 이해와 신앙을 필요로 한다. 폴 틸리히(Paul Tillich)는 개신교회의 성례전을 의미롭게 하기 위하여 마술적인 성례전주의로 돌아가서는 안 된다고 지적하면서 빵과 포도주의 표징에 대한 이해뿐만 아니라 그 표징과 그리스도의 언약에 대한 신앙이 있어야 한다고 주장했다.[150] 성만찬은 말씀을 믿을 수 있도록 가시적으로 주신 하나님의 말씀인 것이다.

2. 토착 종교의 영향

한국 사회는 기독교 선교 이전에 수천 년 동안 여러 토착 종교들의 여향 속에 형성되어 왔다. 중국에서 불교가 전래되기 이전, 한국 사회는 몽고, 만주, 일본, 우랄 알타이계 민족 사이에 멀리 퍼진 공통적인 재래적 원시종교인 무교(Shamanism)의 영향을 받았다. 그리고 5세기부터 고려 말에 이르는 14세기까지 한국사회는 불교에 의해 지배되었고, 이 조 초 즉 15세기부터 19세기 말까지는 유교에 의해 지배되었다.

기독교 선교는 앞서 지나간 여러 종교들의 사고방식, 의식, 문화의 토양 위에서 이루어졌고, 이 과정에서 심각한 갈등과 긴장이 일어났다. 그러나 기독교 선교는 이처럼 한국 사회를 근 5천년 동안 지배해 왔던 재래적 토착 종교들의 토양을 결코 외면할 수 없었다,

---

150) Paul Tillich, The Protestant Era, trans by James Lames Luther Adams, (Chicago The University of Chicago Press, 1957), p.110.

이 전통 종교들의 신앙은 개신교 예배에 어떤 영향을 주었는지를 살펴보겠다.

첫째, 샤머니즘의 영향

무속신앙은 한국 민속신앙의 주종을 이루고 있다. 이 무속종교는 모든 물체에 정령이 있다고 믿는 자연숭배 또는 정령숭배(Animism)의 원시종교로서 제화초복(除禍招福)을 비는 주술신앙으로 발전하였다. 무속종교는 사제(Shaman)의 기복, 양재(禳災), 점복, 가락예무(歌樂藝舞)를 특징으로 하는 서민의 종교적 욕구를 충족시켜왔고, 사회적으로 억압받는 민중의 한을 풀어주었다,

샤먼(Shaman)이란 무당을 뜻하며, 샤머니즘이란 무당종교 또는 무교(巫敎)라는 뜻 이다.[151] 샤머니즘의 신관은 아니미즘(Animism)을 기초로 하고 있다. Anima(精靈)에 연유(緣由)들이 충만하여 이런 것들이 질병과 기근 등 모든 재액(災厄)을 만들기도 하고 복을 가져오기도 한다고 믿는다.[152]는 것이다.

샤먼(Shaman)은 영계와 인간 사이에 중재적 역할을 하는데 정령과 직접 교통하는 자로서 영계를 탐지하고 영능(靈能)을 행사할 수 있어서 제사(祭祀), 주술(呪術) 등으로 재액(災厄)을 없이 하며, 복을 가져온다고 믿는다. 이러한 신앙이 우리 민족으로 하여금 기복신앙을 가지게 하였다.[153] 샤머니즘이 기독교 예배에 많은 영향을 가져왔는데 ① 복을 받기 위해 드리는 예배로 기독론 적이기 보다

---

151) 유동식, 「한국무교의 역사와 구조」 (서울 : 연세대학교출판부 1975), p.60.

152) 김기현, p.42.

153) Ibid., p.43.

는 샤머니즘적인 데가 있다. 칼 발트(Karl Barth)는 "교회의 예배가 하나님의 일이며 그것은 자체를 표현되는 것"[154]이라고 하였다. 이는 예배가 어떤 다른 목적과 효과를 위한 방법으로 하나님을 이용하려는 것에 대하여 경계하고 있다. 그런데 "이교, 풍토 속에 들어온 한국의 기독교는 성경이 가르치는 "복"을 현세적인 복, 동양적인 오복(五福)으로 받아들였다"[155]는 것이다.

이런 것은 4300여 년의 샤머니즘과 1000년의 불교, 500년의 유교가 한국의 종교와 문화를 지배하였기 때문이며 기타 불교나 유교가 100여 년밖에 안 되는 한국 교회에 스며든 것으로 불가피한 것일 수도 있다.[156] 김기현은 그의 논문에서 설문조사를 통해"예수 믿고 예배를 드리는 것은 액을 면하고 현세적인 복을 받기 위해 또는 마귀를 쫓기 위해서라는 사람이 613명 중 65명으로 10.67%"[157] 라고 했지만 필자가 볼 때는 이 조사보다는 훨씬 많으리라고 추산한다. 그러나 앞에서 개혁자들의 예배 원리를 고찰한 바와 같이 예배는 받은바 은혜에 대한 응답으로 사랑과 헌신을 통한 오직 하나님께 영광을 최고 최선의 목표로 삼는 것이다. 예배는 인간 욕구를 충족시키기 위한 것이 아니고 하나님의 영광과 주권에 대한 고백과 순종으로 나타나야 할 것이다.

② 예배의 샤머니즘 요소는 "구경꾼 예배"가 되게 했다. 예배는 본질적으로 하나님의 계시에 대한 인간의 응답이다. 예배하는 자들

---

154) 정용섭, 「교회 갱신의 신학」 p.223.

155) 백천기, "공예배 의식 갱신에 관한 연구."(목회학 박사학위 논문, 아세아연합신학대학원,1984), p.59.

156) 정용섭, 「교회 갱신의 신학」 pp.224~226.

157) 김기현, p.57.

은 마음과 언어와 행동을 통하여 창조주 하나님께 경배와 감사와 찬양이 제단을 쌓는 것이다.

정용섭은 "제의나 영에 대한 중재를 일체 무당에게 일임하고 그 옆에서 구경만 해온 샤머니즘적인 신앙 생태는 그대로 한국 그리스도교 안에 흡수되어 일체의 예배의식과 기도는 목사에게 일임하고 그 옆에서 구경만 하고 앉아 있는 것이다"[158]고 말한다. 실제 예배가 예배드리는 자는 따로 있고 방청객으로 구분된 듯한 예배가 진행되고 있으며 "예배 보러 가자"는 말이 보편적으로 사용되고 있다.

③ 극단적인 개인주의와 주관주의이다. 희랍어 70인 역에 통용된 'εκκλη δια'는 예배드리기 위해서 모인 하나님 백성인 이스라엘의 총회를 말한다. 그러므로 예배는 처음부터 공동체의 행동이며 원시 그리스도교 예배는 그리스도의 몸, 즉 부활하신 그리스도의 영적 몸으로서 "교회를 세우는 일"에 목표를 두고 있다(엡 4:10~13).[159]신약의 사도들의 공동체는 "코이노니아"에 대한 철저한 인식이 있었고 이 친교는 십자가에 못 박히시고 부활하신 주님께 헌신하는 것에 독특하게 하나가 되는 공동체였다. 그런데 개인의 신비주의적인 면이 강조되고 복을 비는 것에 치중하면서 윤리성이 결여되고, "공동체로서의 예배"라는 의미가 약화되었다. 예배가 개인주의나 주관주의가 되는 것은 공동행위로서의 예배를 변질시키는 독소가 된다.

---

158) 정용섭, 「교회 갱신의 신학」 p.251.

159) Inst. Ⅳ.1.5.

둘째, 불교의 영향

불교는 인도교의 분파로서 현세의 실존 자체를 비극으로 본다. 그러므로 다시 세상에 태어나지 않고 소극(消極)인 열반(涅槃)에 들어가는 것이 구원이며 그러기 위해서는 윤회전생(輪廻轉生)인 업(業)을 남기지 말아야 한다는 것이다.[160]

불교는 이 세상에서 사는 우리 인간이 가지고 있는 모든 집착성을 내버릴 것을 권한다. 이것은 우리 민족에게 철저한 도피사상과 체념사상을 가지게 한 동기가 되었다. 그러므로 어떤 문제에 도전하거나 해결하려고 하지 않고 도피해 버리는 사상이 스며든 것이다.[161] 또 한 가지 간과할 수 없는 것은 불교의 혼합절충주의이다. 고려와 이조의 한 특색은 종교 혼합사상인데 고려의 호국 소산이니 대장경은 샤머니즘과 절충이다. 불교가 타락할 즈음엔 음양(陰陽) 오행(五行), 지리, 풍수설 등의 혼합으로서 미신에 떨어졌던 것이다.[162] 이런 풍토 속에 들어와 허무주의와 현실도피적인 데서 구원해내야 할 기독교가 오히려 기독교적인 허무주의와 내세주의적인 신앙 양태를 만들어 온 것은 아이러니였다.[163]

이것은 이교적 신앙생리가 한국 민족의 심성에 흐르고 있는 연유도 있지만 한국 기독교 자체에서도 원인이 있다. 기독교의 신관과 구원론이 확립되어 있지 않은 한국 교회는 "예수 믿고 천당"이라는 전도 표어 내지 부흥회 교과서로 오랫동안 사용되어온 "천로

---

160) 유동식, 「우리 주변의 종교」 (서울: 대한기독교서회, 1965), p.71.
161) 김재준, "한국의 재래종교와 그리스도," 「기독교 사상 강좌」 제3집, (서울: 대한기독교서회 1963), p.183.
162) 유동식. p.71.
163) 정용섭. 「교회 갱신의 신학」 p.249.

역정"이 타계적인 신앙상태를 부채질해 왔다. 불교의 미륵사상은 기독교의 내세사상과 천년왕국 사상을 용이하게 수용할 수 있었으나, 부정적으로는 타계주의라는 현실 도피적 종말론 사상을 낳았다. 예배 때 부르는 찬송도 타계주의적인 가사들 "세상아 잘 있거라, 나는 가노라."이른바 부흥성가의 노래로 채워지기도 한다. 장송곡을 부르듯이 구슬프고 느리게 감상적으로 부른다. 이렇게 불교의 타계적이고 혼합절충적인 영향이 한국 개신교의 예배에 깊이 자리 잡고 있다.

셋째, 유교의 영향

유교의 특색은 주종관계의 계급 질서와 삼강오륜의 사상이다. 이러한 사상은 권위주의적인 사상을 낳게 되었다. 또 하나의 배타주의적인 파당성이라 할 수 있다. 한국의 유학은 성리학에서 크게 발전하였으나, 그것이 당쟁과 결부되자 이(理)니 기(氣)니 하는 것은 당쟁과 사리를 위한 공론으로 떨어지고 말았다. 여기에서 유교는 편협하고 고루한 정신만을 기르게 되었으며, 나 아닌 다른 사람의 설이면 그 자체가 어떻든 그것을 이단시 하고 배격하기에 급급하였다.164) 이러한 영향은 그리스도의 지체로서의 "몸" 사상이 약화되고, 한국 교회는 수많은 갈림으로 교파가 쪼개어지는 결과를 빚었다.

또한 유교의 중추를 이루었던 주자학(朱子學)이 그 성리학이므로 말미암아 한국인에게 무신론적인 기반을 형성했다는 사실을 간과할 수 없다.165)

---

164) 유동식, p.86.

한국의 재래 종교들의 신관과 기복사상은 기독교 신앙의 수용과 양적인 성장에 궁극적으로 작용했다. 그러나 한국 교회는 한국 기독교가 수용되는 가운데 만나고 있는 토속적인 종교적 토양 샤머니즘, 불교적 유교적 신앙사상을 신학적으로 깊이 성찰반성하고, 재래종교가 지니고 있는 성경에 적합한 사상 예컨대 무교에 있어서 초월적 의존 사상, 불교에 있어서 대승 불교적 자비와 자기헌신 사상, 유교에 있어서 경천사상과 윤리적 규범사상을 기독교적으로 여과해서 수용해야 하겠다. 한국 교회는 재래 종교 속에 내포 되어 있는 성경에 부적합하거나 대립되는 사상 즉 무교에 있어서 혼합적 기본주의, 불교에 있어서 타계적 도피주의, 유교에 있어서 파당주의를 성경적으로 변혁시켜야 할 사명이 있다. 수천 년 동안 한국 사회를 지배하면서 한국인의 심성에 체질화된 전통종교 의식에 대한 깊은 연구를 통해서 기독교인의 진리의 독특성과 재래종교의 고유성을 명료히 드러내어 기독교의 예배의 혼합주의적 경향을 방지하여야 한다.

본래 세상의 종교들은 참 종교의 왜곡된 현상으로 볼 수 있다. 외형상으로는 기독교와 비슷한 형태의 예절이나 의식구조도 많이 있다. 그러나 영적이며 초자연적인 의미에서 볼 때는 기독교의 그림자일 뿐이다. 이런 영향들, 즉 여러 종교의 의식구조를 복음의 전단계로 이용하여 바른 예배로 이끌어 갈 수 있겠다. 혼합적 기복주의를 영원한 복으로, 타계적 도피주의를 기독교의 역사참여사상으로, 파당주의를 기독교의 공동체의 신앙을 갖도록 말이다.

---

165) Ibid., p.93.

84

3. 예배와 생활의 단절

마지막으로 한국에 전승된 예배는 예배의미가 극히 제한된 예배로 정착되었다. 교회 안에서의 예배는 경건하고 엄숙하게 잘 드린다. 그렇지만 예배당 안에서의 예배로 끝나버리고 세상에서의 생활과는 전혀 관계없는 예배를 드리고 있는 것이 한국 교회의 실정이다. 이에 대한 원인은 여러 가지가 있겠지만 신도들이 주일에 드리고 한 시간은 공중예배만으로 만족하는 예배신학의 무지에서 온 것이라고 하겠다.

예배는 하나님을 향한 믿음과 순종의 응답임을 알아야 한다. 삶의 현장인 이 세상에서 구체적으로 하나님께 순종하고 응답하는 일이 없으면 아무리 장엄하고 경건한 예배행위를 가졌어도 헛된 것이 되고 만다. 왜냐하면 하나님이 위탁하신 일을 믿음과 소망과 사랑의 행위로 세상을 향해 섬기는 일은 성전예배의 연장이 되기 때문이다.

예수 그리스도는 "섬김을 받기 위해서 오신 것이 아니요, 섬기기 위해서 오셨다"고 말씀하셨다(막 10:45). 말씀만 하신 것이 아니라 언행일치를 실현하셨다. 문제가 많은 이 세상에 친히 찾아오신 그리스도였다. 그러므로 예배는 항상 세상을 향해 나아가는 자세로 드려야 하고, 이 세상 안에서의 하나님의 백성의 생활은 예배에 의해 지탱되어가야 한다.

왜 하나님은 우리를 당신의 예배에 부르셨는가? 여기에 대한 이유와 목적은 하나님의 구속적 사랑에 대한 응답으로 하나님을 영화롭게 하고 영원토록 그를 즐거워하는 것이다.[166]

예배가 구속받은 그리스도인이 하나님의 영화로운 존엄성을 인식하고 살아있는 하나님 앞에 자신을 굽혀 엎드리며 경외와 찬양과 감사와 존귀를 돌리고 예배자들이 예수 그리스도가 보여 주신대로 종의 자세로 자신을 드리고 십자가의 희생을 감수하시던 주님을 따라 순종하는 생활로 나타나야한다. 즉 구속의 은총에 대한 그의 사랑에 대한 헌신과 봉사를 하기 위함이며, 그리스도의 증거자로 세계를 섬기는 종이 되도록 예배에 초청한 것이다.

신약성서에 예배라는 용어가 사회적 봉사의 행위에 대한 의미로 사용한 곳이 많이 있다. 그 예로서 로마서 15장 17절에 "……육신의 것으로 그들을 섬기는 것이 마땅하니라"고 하였으며, 사도행전 13장 2절에는 "일"로 번역이 되었다. 미사(Mass)라는 말은 예배의 최후에 말하는 "Ite Misa est"에서 온 것이다.[167] 이것을 해석하면 "여기에서 예배는 이것으로 마친다. 하나님을 섬기기 위해 세상을 향해 나가서 행하라"는 뜻이다. 진정한 예배는 예배당 안의 예배로 끝나는 것이 아니라, 세상으로 나가 계속적인 행동으로 나타나야 된다는 것을 말한다.

예배는 괘도처럼 고정적으로 걸어놓은 것이 아니라 일상생활과 밀접한 관계를 가지고 있다. 예배당 안의 예배와 세계 속의 생활과 일치될 때에 "거룩한 산 제자"가 되는 것이다. 예배의 궁극적인 목적이 하나님의 영광을 위한다면 세상 속에서 섬기는 일이 곧 하나님께 영광을 돌리는 예배 행위가 개혁자들의 원리인 것이다.

박창환은 "우리 일반 교인들의 의식에는 주일은 다른 엿새와 다

---

166) 「웨스터민스터 소요리 문답」 1.
167) 김소영, "예배의 생활," 「복된 말씀」 1975. 7. p.9.

르다는 의식에서 하나님을 월요일부터 토요일까지는 우리의 삶 속에 역사하시는 하나님이 아니라 주일 낮 오전 11시부터 12시까지만 예배에 오셔서 교인들의 찬송을 듣고 헌금을 받고 영광을 받는 주일, 그 시간만의 하나님으로 생각하기 때문에 예배와 생활이 별개의 것이 된 것이다"[168]라고 하였다. 이것은 공중예배의 마지막 순서에서 예배의 폐회를 강조한 결과하고 생각한다. 예배의 순서상으로 폐회된다는 뜻이겠지만 이제부터 세상으로 나아가는 생활 예배가 시작됨을 가르쳐야 한다. 한 시간만이 예배이고 공중예배가 폐회한 후 6일간의 일상생활은 예배와는 아무 상관이 없는데서 그리스도의 빛은 가려지고 설교의 문은 닫히는 결과를 가져왔고 하나님께 영광도 되지 못하고 인간 사회에서 기독교의 가치가 땅에 떨어져 가고 있는 것이다. 현대 한국교회 예배는 생활과 조화가 단절되어 있어서 각자의 자신을 산제사로 드리지 못하는 예배라고 할 수 있다.

교회는 이 세계로부터 택함을 받아 하나님의 선민으로 부름을 받았음과 동시에 이 세계에 존재하면서 세계에 분산되어 살고 있는 백성이라는 것을 잊어서는 안 된다. 교회는 이 세계 속에서 분리되어 존재하는 것이 아니다. 그러므로 예배와 생활은 동질적인 것이다. 칼빈은 "그리스도의 이름과 휘장밖에는 가진 것이 없으면서 그리스도인으로 자칭하고 싶은 사람들을 책망하였다." "그리스도인의 생활은 혀의 문제가 아니고, 가장 깊은 마음의 문제이다. 즉 복음의 효력은 마음속 깊은 감정에까지 침투해서 영혼 안에 자리를 잡고 인간 전체에 영향을 주어야 한다."[169]고 말했다. 사실 예배와 생활

---

168) 박창환외 3인, "어떤 예배를 드릴 것인가," 「기독교 사상」 1979. 2. p.27.

의 관계가 단절되면 교회는 무력해질 가능성이 있게 된다. 그러므로 우리는 하나님에게 굳게 결합되어야 한다. 그 결과로 그의 거룩하심이 우리에게 주입되어 그가 부르시는 곳이면 우리가 따라갈 수 있도록 해야 한다.[170] 그러나 타락한 인간은 악하고 죄인하며 무력하다. 그러므로 인간은 늘 하나님의 은혜를 사모하여 그에게만 경배하며 그로부터 도움을 받아 살아야 한다. 칼빈이 하나님의 절대주권 앞에 무릎 꿇는 생활을 최고의 목적으로 오로지 하나님의 영광을 위하여 목숨을 바치는 삶을 추구하였는데 이것은 "오직 하나님께만 영광"(Soli Deo Gloria)을 돌리는 예배로 표현되고 생활로서 구체화된 삶이다. 그것이 바로 초대교회와 종교개혁자들의 원리로 돌아가는 것이다. 예배가 궁극적으로 하나님의 영광을 위한다면 "나의 양식은 나를 보내신 이의 뜻을 행하며 그의 일을 온전히 이루는 것이다(요 3:34)"는 예수의 생활의 본질처럼 세상을 봉사하는 일과 분리될 수 없다. 오늘의 교인들의 예배와 생활의 단절이 교회와 세상과의 이원적 개념에서 온 것이라면 교회의 예배를 통하여 하나님께 제의적으로 응답되듯이 세상에서 삶을 통하여 응답되어져야 한다. 교회가 예배를 통하여 하나님의 명령과 그리스도에게 복종하는 삶이 없이는 참된 의미의 기독교 예배라 할 수 없다. 왜냐하면 기독교의 예배는 하나님에게 그의 이름에 합당한 영광을 돌리는 행위이고, 바로 그 이름에 합당한 영광을 돌리는 행위는 그의 뜻대로 순종하는 데 있기 때문이다. 예배는 한 마디로 종교개혁의 원리대로 Soil Deo Gloria(하나님께만 영광!)이기 때문이다.

---

169) Inst, Ⅲ.6.4.
170) Ibid., Ⅲ.6.2.

종교개혁 원리의 적용

　20세기 초반부터 많은 예배 신학자들에 의하여 루터나 칼빈과 같은 개혁자들이 가졌던 예배의식을 생각하면서 잃었던 예배의 내용을 찾자는 운동이 일어나기 시작하였다. 이 운동은 그동안 개신교회가 잃었던 예배 예전의 회복을 가져오게 했고 그 가운데서 수많은 성도들에게 하나님을 섬기고 기쁨과 감격을 새롭게 하여 주고 있다.

　100년을 넘긴 우리 한국 교회도 이 감격의 대열에 서야 한다. 그러기에 우리 예배에도 속히 갖추어야 할 기본적인 신학과 예전이 있어야 한다고 생각한다. 그러기에 필자는 연구의 결론적인 부분으로 성서와 역사(종교개혁전통)인 이미 전술한 이론적인 배경을 기초로 하여 한국교회 예배 현실에 표출된 문제점들에 대하여 갱신의 방향을 모색하려고 한다.

1. 개혁원리에 의한 예배 갱신

선교 2세기를 맞이하여 한국 교회도 예배의 갱신을 부르짖고 있다. 진정한 교회는 예배의 갱신에서 시작된다. 그것은 교회의 공동체가 조화되는 예배의 가능성을 찾을 수 있기 때문이다.[171] 갱신이란 성경의 원칙으로 돌아가는 것이다. 마틴 루터(Martin Luther)는 로마 가톨릭 예배의식을 개혁하면서 말하기를 "하나님 말씀에 조화되는 것이라면 무엇이든지 그대로 보존하여야 하며, 하나님의 말씀에 명백한 가르침에 반대되는 것이라면 무엇이든지 모두 교회로부터 물리치고 없애버려야 하며, 성경에서 이탈한 것은 성경에 있는 원래의 모습을 회복해야 한다."[172]고 예배 갱신의 원칙을 말하였다. 예배 학자 R. 압바(Raymond Abba)도 "예배 갱신이란 성경에 있는 예배의 원형(Original Pattern)을 회복시키고자 하는 것이다."[173]라고 말했듯이 갱신이란 성경으로 돌아가는 것이다.

성경의 원칙에서 이탈한 부분을 성경의 원칙으로 돌아오게 하는 것이 교회갱신 혹은 예배갱신이다. 그러나 이것은 일부 가톨릭교회에서 버리지 못하고 있는 복고주의(the Liturgical Movement)와는 다르다. 이 복고주의는 로마 교회의 옛 전통으로 돌아가자는 것이지만 예배갱신이란 개혁자들이 천명한 성경으로 돌아가 성경에서 예배의 원형을 찾아 예배의 내용과 형식을 재정비하자는 것이다.

정용섭은 "예배를 갱신해야 하는가"[174] 라는 물음에 첫째, 교회

---

171) Franklin M. Segler, 「예배학원론」 정진황 역 (서울:요단출판사, 1981), p.238.

172) 지원용, 「예배의식문 해설」 (서울:컨콜디아사, 1965), p.7.

173) Raymond Abba, 「기독교 예배의 이론과 실제」 허경상 역, (서울:대한기독교서회, 1981), p.59.

에 가는 것이 설교를 들으러 하는 개념의 현실과 둘째, 경건주의 영향아래 개인주의 셋째, 부흥회와 함께 동반해오는 감상주의 내지 주정주의 경향 넷째, 이교적, 샤머니즘적 요소가 예배갱신을 불가피하게 한다고 하면서 그는 "예배갱신은 오늘 우리가 당면한 최대의 과제"175)고 말한다. 그 외에도 오늘의 예배의 내용과 성격에 있어서 공동체의 의미, 축제의 의미 회복과 예배신학의 수립, 이를 통하여 그리스도의 몸으로서 교회의 형성, 영적 예배의 회복 등과 예전적인 면에서도 말씀과 성례전의 균형과 조화, 전통적인 다양한 의식의 회복 나아가서 교회력과 성서 일과와 예전의 빛깔 등의 활용과 적용 등의 문제점들이 예배갱신을 필요로 한다는 것이다.

예배 갱신은 예배에 대한 의식이 개혁 없이 이루어질 수 없다. 갱신의 의미와 형태의 관계는 밀접한 상관관계이다. 예수 그리스도는 포도주와 가죽부대에 비유하여 "새 포도주는 새 가죽부대에 넣어야 둘 다 보존된다."176)고 말씀하셨다. 새로운 의미가 새로운 형태를 결정하고 이 관계가 잘 이루어져야 의미와 형태가 함께 그 가치가 보전할 수 있다. 이런 관점에서 예배 갱신도 의식의 갱신이 중요하고 우선적인 과제이다. 그러므로 먼저 의식의 갱신을 논하고 예배와 생활을 다룬 후에 예전의 갱신의 일부인 바람직한 예배의 실례를 제안하겠다.

첫째, 예배신학의 확립

예배와 신학, 그것은 서로 분리하여 생각 할 수 있을지 모르나

---

174) 정용섭, 「교회 갱신의 신학」 (서울:대한기독교서회, 1979), pp13~22.
175) Ibid.
176) 마태복음 9:17; 마가복음 2:22; 누가복음 5:37~38.

결코 분리하여 존재할 수는 없다. 왜냐하면 우리가 하나님께 드리는 모든 예배 행위에 내적 의미를 밝혀주는 구조적 형식이라면, 예배는 그 구조적 형식에 의하여 밝혀지는 내적 의미의 구체적 표현이라 할 수 있기 때문이다. 그러므로 예배 없는 신학은 공허하고, 신학 없는 예배는 맹목이 된다. 신학이 신학으로 하나의 공허한 신학이 되지 않게 하기 위해서는 그것이 구체적인 공동의 예배로 표현되어야 하고, 반대로 그리스도인 공동체의 예배가 하나의 맹목적, 의식적 행위가 되지 않게 되기 위해서는 분명한 신학적 기초에 바탕을 두어야 한다.

그러면 예배의 신학적 근거는 무엇인가? 그것은 예수 그리스도로 말미암아 나타난 하나님의 행위, 곧 하나님의 계시에 근거한다. 하나님께서 구속의 사랑을 가지고 우리에게 먼저 찾아 오셨기 때문에 그것에 감사하기 위하여 우리는 그에게로 간다. 우리는 예배행위를 통하여 인간이 할 수 있는 최상의 감사와 찬송과 영광을 하나님께 돌린다. 예배란 "옛적에 선지자들로 하여금 여러 부분과 여러 모양으로 말씀하시고……. 이 모든 날 마지막에 아들로 말씀하신" 그 계시의 말씀에 근거한다. 곧 우리를 구속하시기 위하여 하나님께서 행하신 그 놀라운 사건에 대한 인간의 응답이 예배다. 하나님의 계시가 먼저 선행하지 않고는 예배의 의미는 상실하게 된다. 그러므로 기독교의 예배는 하나님의 부르심과 은총의 계시가 창조와 구속의 역사 속에 나타났기에 거기에 응답적 행위로 감사와 경배와 찬양을 드리는 것이다.[177]

예배는 하나님께서 예수 그리스도를 통하여 계시하신 것과 거기

---

177) 정장복, 「예배학개론」 (서울: 종로서적, 1989), p.52.

에 대한 인간의 응답으로 이해하는 것이 중요하다.[178]

하나님의 명령은 기독교 예배의 본질이 다른 종교와는 현격한 차이가 있다. 타종교들의 예배 대상은 인간이 만들었기에 인간 주도적인 예배의 내용과 형식을 만들어 사용하고 있으나 기독교 예배는 대상인 하나님께서 명령하시는 대로 피조물이 순종으로 따르는 것이다. 인간의 손으로 만든 상징 앞에 경건한 모습으로 무릎을 꿇고 그 앞에 절을 하면서 갖은 정성을 다하는 모습을 우리의 주변에서 비일비재하게 보게 된다. 그러나 하나님은 이런 우상숭배 행위를 절대로 금하신다. 하나님께서 인간에게 자신을 나타내셨으므로 응답으로 내 자신을 하나님께 드리고 그것이 현재와 공동의식을 갖고 드리는 전인격적이 행위여야 한다. 여기에 예배자들의 신앙의 대상인 하나님과 자신과의 관계에서 아래와 같은 기본적인 몇 가지 이해가 분명해야 한다.[179]

(1) 하나님은 살아계시어(히9:4)인격적으로 존재하시며 예배자들의 삶의 방향과 내용을 주관하시며 경배를 받으신다.

(2) 하나님은 창조주로서 절대적 존재이시며 세상의 주관자로서 오늘도 우리의 예배에 임하신다. 그러므로 하나님의 임재 속에 그와의 만남이 예배에서 이루어져야 한다.

(3) 예배 속에 임하시는 하나님은 예배자들의 심성을 다 아시는 분이시며(행1:24, 롬8:27) 신령과 진정의 예배를 (요4:23)을

---

178) Ibid, p.53.

179) Ronald Word, "Worship," The New Testament Basis in Baker's Dictionary of Practical Theology, ed. R. Turnbull, (Grand Rapids: Baker Book House, 1967.) pp.365~68.

요구하신다.

(4) 하나님은 예배자들을 가까이 부르시며 (사1:18, 약4:8) 그들을
위한 존재가 되기를 원하시며 (롬8:31~39) 과거와 현재 속
에 예배자들을 위한 계약(요3:16)의 이행을 변함없이 고수하
신다.(말3:6)

그리스도교 예배는 하나님의 사랑과 계시를 경험하여 믿음으로
서 응답하는 행위가 참예배인 것이다. 여기에 종교개혁 신학은 예
배의 교정자로서 이바지 하고 참예배는 신학의 원동력으로서 이바
지 한다.

그러므로 예배는 계시에 대하여 믿음으로 응답하되 성령의 역사
하심의 통로가 되어야 하고, 본질적으로 공동체적 행위이여야 하며,
교회가 그리스도의 몸으로서 이 세상에 존재하면서 증거를 위한 유
일하고 적합한 준비를 하는 것이다.[180] 따라서 예배는 그리스도인
의 당연한 의무이며, 예배의 가장 큰 목적이 "하나님의 영광"[181]이
되어야 한다. 즉 하나님을 인간이 의지하여 그를 경배하며 영광을
돌리는 삶인 것이다. 그리스도교 예배의 근거는 신학적이며 실용주
의적인 것이 아니다. 예배를 한낱 경건의 훈련으로 생각하거나, 지
적, 정서적 순화를 위한 것으로 생각하거나, 인간의 단순한 자의적
신앙고백 행위라고 생각해도 안된다. 물론 이 모든 것이 예배에서
제외되어야 한다는 말은 아니다. 이 모든 것이 있을 수는 있으나 그
러나 그것은 참된 예배에서 비롯하는 하나의 부수적 결과일 수밖에

---

180) Abba, p.14ff.
181) Ibid., p.23.

없다. 이것을 목적으로 생각할 때, 예배는 우리 안에 근거를 둔 하나의 단순한 인간의 행위로 떨어지고 만다. 그러나 예배의 근거는 우리 자신 안에 그 근거를 갖는 것이 아니라 예수 그리스도로 말미암은 하나님의 구원 행위에 근거를 두어야 한다.

둘째, 말씀과 성례전의 회복

장엄한 의식만을 계속하는 미사의 현장에서 말씀을 그리워하던 무리들이 개신교로 옮기는 사례들이 적지 아니했는데 최근에 와서는 완전히 다른 현상들이 발생하고 있다. 그것은 의미 있는 예배의 예전이 없이 너무나 많은 설교 속에서 시달림을 당하던 무리들이 가톨릭으로 찾아가는 것이다.[182] 그들은 거기에서 예전과 말씀의 선포를 경험하기를 원한다. 이런 현상은 교황이 이 땅을 다녀간 후 더욱 현저하게 나타나고 있다. 이러한 사실은 허다한 그리스도인들이 단순하게 "구경만 하는 예배"를 중심으로 한 개신교보다 "드리는 미사"에 말씀을 더하는 가톨릭의 현 예전을 더욱 환영한다는 것을 말해주고 있다. 여기에서 오늘의 교회가 말씀과 성례전의 균형이 잡힌 예배를 실현해야 한다는 책임을 느끼게 되며, 그럴 때만이 회중들이 하나님을 섬기는 기쁨과 거기에서 받은 말씀 속에서 새롭게 성장할 수 있게 된다는 교훈을 얻게 된다.

한국에 상륙한 청교도들의 후예들이 뿌린 선교열은 오직 말씀 중심의 신앙이었다.[183]그렇기 때문에 예배에 있어서도 성례전의 강조보다는 단순한 설교를 위한 찬송과 기도만으로 주일 예배를 계

---

182) 정장복, p.1.
183) 본 논문, (제 IV장 1절 참조).

속해왔고, 그러한 현상은 하나의 유산으로 정착했다. 이러한 결과
는 예배 가운데 필연적으로 있어야 할 눈에 보이는 말씀인 성찬 예
식의 결여를 가져왔고 개혁 주의적이지 않은 예배에 대한 이해를
많은 사람들에게 심어주었다.

기독교 초기 다락방 예배 (눅 22:12, 요 20:19, 행 1:13, 2:42,
20:7)는 구약의 성례전적 (출 29:3, 레 7:16, 22:26~30, 왕상
12:27, 렘 22:18, 암 4:4)인 성전 예배와 설교 중심의 회당예배(신
6:4~9, 11:13~21, 민 15:37~41, 행 20:17)의 두 요소를 합한 다
양성 있는 예배였음을 보게 된다. 이것은 기독교 예배의 원형이었
다. 이와 같이 설교와 성만찬의 두 핵심이 균형을 잃을 때 성례전
적 예배 아니면 설교 중심적 회당 예배로 전락하기 때문에 갱신되
어야 마땅하다. 인간의 행위로서의 예배는 예수 그리스도를 통하여
자기를 계시하여 주시고 구속의 은총을 베푸신 하나님께 "그의 이
름에 합당한 영광을 돌린"(시 29:2)행위인 것이다. 그의 이름에 합
당한 영광을 돌리기 위하여서는, 먼저 그를 예배하기 위하여 모인
회중은 그의 말씀에 초점을 모아야 한다. 앞에서도 말했거니와 기
독교의 예배는 계시된 말씀에 대한 응답이기 때문에 시간적으로가
아니라 논리적으로 계시의 선포가 항상 응답에 앞서 와야 한다. 예
배 행위에서 계시의 선포는 무엇보다도 말씀의 선포로 이루어진다.

이제 문제는, 그러면 말씀의 선포는 어떤 양식으로 이루어지느냐
하는 점이다. 여기서 가톨릭과 개신교의 말씀 선포에 대한 신학적
이해가 달라진다. 로마 가톨릭에서는 예배에 있어서 말씀의 선포를
무엇보다도 눈으로 보고, 손으로 만지고, 입으로 맛보는 말씀, 곧
성례전(특히 성찬)에서 그 선포의 절정을 찾는다. 반면에 개신교에

서는 이러한 로마 가톨릭의 입장과는 달리 읽혀지고, 들려지는 말씀은 보이는 말씀의 도움을 받아 그 추상성을 면하고, 하나님의 구속적 행위가 단순히 관념적이 아니라 실제적이며 역사적인 것이라는 것을 우리에게 일깨워주며, 반대로 보이는 말씀은 들려지는 말씀의 도움을 받아 그 의식적(義式的)행위의 신학적 의미가 밝혀지게 된다. 이들은 서로 배척하는 것이 아니라 하나님의 구속적 행위의 계시를 더욱 분명히 선포하는 것이다. 그럼에도 예배에서 말씀과 성찬이 조화를 이루지 못하였다.

일반적으로 로마 가톨릭의 예배는 말씀(들려지는)없는 성례전의 예배라는 평을 들어왔다면, 개신교의 예배는 성례전이 없는 말씀만의 예배라는 평을 들어왔다. 이 둘은 다 신학적으로 볼 때 위험한 입장이라 할 수 있다. 들려지는 말씀 없이 보이는 말씀에만 집착할 때 위험한 입장이라 할 수 있다. 들려지는 말씀 없이 보이는 말씀에만 집착할 때 자칫 잘못하면 그러한 예배는 Materialism쪽으로 기울어져 급기야는 미신적 행위로 떨어지기 쉬운 반면, 보이는 말씀 없이 단순히 들려주는 말씀에만 집착하고 의존하는 예배는 Spiritualism에 기울어질 염려도 있다. 그러므로 이 둘은 예배에서 조화를 이루어야 한다. 들려지는 말씀은 보이는 말씀에 의하여 그 의식이 지니는 내적 의미가 분명하게 밝혀져야 한다. 설교를 통하여 전달되어진 메시지의 내용이 성만찬을 통하여 체험적으로 심화되어야 한다는 뜻이다. 이러한 면에서 설교와 성만찬은 매주일 예배에서 이루어져야 한다. 그러나 한국교회같이 대형화된 상황에서는 적어도 한 달에 1회 이상은 성만찬이 있어야 한다. 그것은 은총의 통로로서 초대교회와 종교개혁자들은 매주일 성만찬이 있는 예배를 가졌던 것을 상기하며 말씀과 성만찬이 예배의 중심이며, 곧 교회의 존재 의의중 하나임을 알아야 한다. 또한 들려지는 말씀과 보이는 말씀은 우리의 신앙을 북돋아 주고 하나님이 우리 속에 들어오시는 경험을 주고 믿음을 주기 위한 방편인 것이다. 하나님은 이 영적 친교의 식사에 참여하는 신자들에게 평화를 주고 영원한 생명을 주신다.

한국 교회의 예배는 청교도의 영향으로 목사 중심이 된 예배의 진행과 지나친 설교 중심이다. 필자의 견해는 물론 설교중심이 나쁜 것만은 아니다. 다만 비복음적이고 불신앙적인 설교가 문제이다. 그리고 목사만의 독무대인 설교중심은 만인사제직의 이념을 망각한 나머지 회중을 방관자로 전락시킬 위험이 있게 될 것이다. 이와 반대로 가톨릭교회에서는 오랫동안 설교 없는 성례전 예배만 중요시하였다. 이것 역시 갱신해야 할 요소이다. 이에 대하여 가톨릭 신학자인 보이어(Louis Bouyer)도 "하나님의 말씀의 떡은 성찬의 떡과 동시에 필요하다"라고 하였다.[184] 이를 깨달은 로마 가톨릭은 최근에 와서 갱신하려고 시도하였다. "1943년 교황 피우스(Pius)12세가 성직자들에게 보낸 편지에서 성경 해석의 자유를 많이 허용하게 되었고, 그 결과 성경에 새로운 기치를 돌림으로써 예배의 개혁을 가져왔다."[185]가톨릭에서는 말씀과 성례전의 균형 회복을 하기 위한 갱신을 단행한 것이라고 본다.

예배의 기본 요소가 말씀과 성만찬임을 이미 밝힌 바 있으나, 한

---

184) 백천기, "공예배 의식 갱신에 관한 연구." (목회학박사학위논문, 아세아연합신학대학원, 1984), p.97.
185) 정용섭, p.213.

국교회 예배는 성만찬이 격하된 말씀 중심적인 예배였다. 말하자만 균형과 조화를 이룬 완전한 예배가 아니라 불완전한 예배이기 때문에 초대교회와 종교개혁이 원리대로 돌아가야만 완전한 예배가 된다. 그래서 칼빈은 변질된 중세의 미사를 말씀과 성례전의 균형이 이루어진 예배로 갱신하였고, 다른 개혁자들도 성찬 이론을 수립하여 그대도 실천하려고 노력하였다.[186]

한국 교회는 아직도 성만찬 없는 예배를 계속하고 1년에 한번, 두 번의 성만찬으로 의무를 다한 것으로 착각하고 있다. 박춘길은 한국 개신교 신자들을 대상으로 한 설문 조사에서 년 2회만 성찬식을 하는 예배에 대하여 불만을 가지고 있음을 시사하면서 갱신되어야 함을 밝힌 바 있다.[187]

필자는 칼빈의 제네바 예배의식의 실현을 갱신의 시도로 제언한다. 칼빈이 1537년에 제정한 제네바 예식서의 중심 요점은 형식화된 중세기의 미사를 말씀과 성례전의 소박한 균형의 초기 기독교 예배의 회복으로 매주 성찬과 설교의 교제가 서로 위치를 가지는 것을 시도한 것이다.[188]

칼빈은 "말씀 없이는 참된 성례의 집행이 있을 수 없다."고 말하고[189] 말씀과 성례전의 균형 예배를 시도했으나 제네바의 행정관에 의하여 년 4회 성만찬을 실시하라는 명령으로 실현되지 못하였다. 칼빈의 이상이나 기독교의 공예배의 본래는 원형근거인 설교와 성만찬의 균형을 회복하는 것은 한국 교회의 예배의 과제이다.

---

186) 김수학, 「개혁과 예배학」 (대구:보문출판사, 1982), p.53.
187) 박춘길, "한국 교회와 성찬 예식," 「기독교 사상」 1978.8, p.153.
188) 김수학, p.56.
189) Abba, p.39.

셋째, 토착 종교적인 요소 극복

전 장에서 한국 교회는 샤머니즘, 불교, 유교 등 토착 종교들의 바탕위에 정착되었으며 이들 종교의 영향을 받았음을 주지한 바 있다. 예배의 샤머니즘적 요인은 첫째로 혼합적 기복 신앙으로 설교가 축복의 선포에 그치고 기도가 현실 축복을 받는 간구의 수단이 되고 헌금이 복을 받기 위한 방편으로서의 예물이 된 바 없지 않다. 둘째, 예배자의 자세가 직접 참여가 아니고 구경꾼과 같이 되어 있는 것이다. 셋째, 샤머니즘의 굿이 제시하는 인생관의 중심이 개인의 생존을 위한 추구인데 무병장수하여 부귀영화를 누리고 죽어서 평안을 누리자는 것으로 이런 굿의 요소가 예배에 흡수되어 있다. 이외에는 불교적인 요소로 자연 신관을 심었으며 타계주의, 허무주의, 내세주의적인 요소와 유교적인 주종관계의 권위주의, 체면주의, 편협한 이기주의, 배타주의적인 요인들이[190] 구체적으로 예배자들의 신앙 태도와 자세에 혼합되어 예배순서와 의식 속에 흡수되어져 있다.

필자는 갱신의 방안으로 두 가지를 제시한다. 첫째는 성경교육(제자훈련)을 통하여 극복할 수 있으며, 둘째는 설교의 갱신을 통하여 제거할 수 있다고 본다. 다시 말하면 개혁의 원리인 성경으로 돌아가자는 것이다. 그것은 한국 교회가 성서적 축복사상을 왜곡되게 물량적인 기복사상으로 가르치고 있기 때문이다. 물질적 기복은 단지 영원한 축복의 그림자일 뿐이다. 즉 자연 계시는 특별계시의 보조로서 자연계시를 통해서 특별계시인 영적이며, 초자연적이며,

---

190) 김기현, "예배와 생활의 일치를 위한 갱신," (목회학박사학위논문, 아세아연합신학대학원, 1983), 제3편, 2장, 참조.

그리스도적인 축복을 사모하도록 주신 것이다. 예배의 토착종교적인 요소들은 의식(意識)에 관한 문제이므로 성경교육을 통하여 (제자훈련) 갱신작업을 꾸준히 하여야 한다. 다음으로 설교의 갱신을 통한 방법이다.

바른 설교 즉 케류그마(κήρυγμα)를 바르게 전달만 한다면 갱신이 가능하다. 종교개혁자들에 의해 새롭게 발견된 말씀이 바르게 강단에서 선포되고 들려지면 갱신이 가능하다고 본다. 아직도 우리는 가나안 주변, 이른바 그리스도 국경지대에서 서성거리고 있다. 그러므로 여전히 샤머니즘과 맹신의 파도가 거세게 일고 있다.[191] 그 원인은 이미 선교 초기부터 싹이 터 왔다. 그러나 개혁자들의 정신은 이교적 예배 정신이나 영감 없는 찬송, 신학 없는 의식이나 장식을 모두 배제하였다.

개신교 선교사들이 선교 초기에 채택한 선교정책은 복음의 바른 이해 즉 바른 설교에 그 주안점이 있었다기보다는 교세확장이 전도정책에 중점을 두었다. 따라서 토착종교의 문화에 젖은 사람이 복음화 되지 않고 교회 일원이 되다보니 예배에 자연히 이교적 체질 요소가 깊이 들어온 것이다. 그러므로 과감한 자세로 과거를 반성하고 복음 선포의 강단이 갱신되어야 한다. 샤머니즘적 요소인 기복 신앙에 대처하여 기독교 팔복 사상으로, 불교의 요소인 타계주의, 도피주의, 허무주의, 내세주의에 대처하여 기독교의 역사참여 사상으로, 유교의 형식주의, 권위주의, 개인주의에 대처하여 기독교의 공동체의 신앙으로 설교를 통하여 극복할 수 있다고 본다.

---

191) 정용섭. p.24.

넷째, 축제의 의미 회복

한국교회 예배에 있어 예배자의 표정은 경건주의 영향으로 한결 같이 굳어져 있고 근엄하고 엄숙하기만 하다. 그것은 사회적 환경과 문화적 배경 속에서 오는 것 일 수도 있다. 그러나 기독교인의 예배는 본질적으로 축제이다.[192] 역사 안에서 행하신 하나님의 창조, 섭리, 구원의 약속, 성육신을 통한 계시, 십자가의 부활, 성령강림을 통하여 나타나는 능력, 이 모든 일을 찬양하는 축제이다.[193] 성경적으로 구약의 유월절, 장막절, 오순절의 장막 예배가 축제일이며, 신약의 예배가 보여주는 주일의 예배가 그리스도의 부활의 승리에 근거를 두고 있기 때문이다.

오스카쿨만(Oscar Cullmann)은 "주의 날은 그리스도의 부활사건을 축하하는 날이었으며, 때문에 그리스도의 부활 사건의 예배를 위하여 초대 교인들이 함께 모여 축제하는 회중이었다."[194]고 하였다. 초대교회의 신자들은 구약의 오순절 축제와 때를 맞추어 예수의 부활하신 안식 후 첫날 모여 공중예배를 드렸다(행 2:46, 5:42, 20:7~21). 이 예배는 "주일 날"의 근원이 된 동기를 분명히 알고 보다 축제적인 예배를 드리도록 해야 한다. 또한 예수 그리스도를 통하여 이루신 하나님의 승리가 날마다 생활에서 우리를 인도하여 주시기 때문에 기독교의 예배는 축제의 예배가 된다. 이 예배에서 기념과 감사와 헌신이 하나로 묶여지게 된다. 그러므로 한국 교회는 예배가 축제임을 상기하도록 신자들에게 현실성 있는 예배를

---

192) 정용섭, p.232.
193) Ibid.
194) Oscar Cullmann, Early Christian Worship, (London:S C M, 1962), p.35.

수립하여야 한다. 하나님의 부르심에 인간의 응답으로서 이 예배가 되어야 하며, 개인주의적이고 인간의 삶을 외면한 형식적이고 의식적인 예배를 벗어나 구원의 역사를 기뻐하는 축제가 되어야 한다.

2. 예배와 생활의 조화

기독교의 예배는 단순히 제의적 행위가 아닌 그리스도 안에서 하나님에 대한 제사장적인 응답이 될 때 삶과 분리되지 않는다. 예수께서 제자들에게 "아버지께서 나를 보내신 것과 같이 나도 너희를 보낸다"(요 20:21)고 하신 것은 그가 세상을 섬기기 위해 오신 것같이 제자들도 이 세상을 섬기기 위해 이 세상에 가야 한다는 것을 의미한다.[195] 이 세상은 하나님의 계시(구속행위)가 나타나는 영역이고 그리스도인이 응답해야 할 영역이다. 헬라어의 ἐκκλησα(모이는 교회)와 διασπορά(흩어지는 교회)에서 예배와 생활의 조화를 알 수 있다. 공중예배에서 하나님을 찾는 자들을 일상생활에서도 하나님을 찾는 자 되어야 한다.

예배가 신자들을 준비시킴으로써 그 교회의 생활과 사역(Ministry)에 이른다. 생활과 사역은 예배의 한 연장이다. 예수님이 전도 파송한 70명이 일을 마치고 돌아왔을 때 그들의 삶 속에 하나님의 구속의 행위에 대해 기쁨으로 "주의 이름으로 귀신들까지도 우리에게 복종 합니다"(눅 10:17)보고하고 찬양했다.

---

195) E. Brand, <u>The Rite Thing</u>, (Minneapolis:Augusburg Publishing House, 1950), p.29.

그리스도인의 삶은 세상 속에서 하나님께서 무엇을 하시고 계신가를 깨닫고 응답하는 행위이다. 곧 "거룩한 산 제사로 드리는 영적 예배"(롬 12:1~2)인 것이다. 예배가 궁극적으로 하나님의 영광을 위한다면 "나의 양식은 나를 보내신 이의 뜻을 향하는 것이며 그의 일을 온전히 이루는 것이다(요 3:34)"는 예수의 생활의 본질처럼 세상을 봉사하는 일과 분리될 수 없다. 오늘의 교인들의 예배와 생활의 단절이 교회와 세상과의 이원적인 개념에서 온 것이라면 교회의 예배를 통하여 하나님께 제의적으로 응답하듯이 세상에서 삶을 통하여 응답되어야 한다. 예배와 생활이 단절되면 교회는 무력해진다.[196] 예배와 생활의 조화를 통하여 교회에 새로운 활력소를 불어넣어야 한다. 성숙한 교회는 모여 예배하는 그 신앙을 역사적 삶의 현장으로 흩어져 증거하는 삶이다. 모여 예배하는 교회는 흩어져 생활하는 속에서 신앙대로 사는 교회가 될 때만이 성숙해지는 것이며 예배의 공동체는 선교의 공동체로 전환 될 때 그리스도의 몸으로서의 완성이 된다.[197]

복음을 받아들이고 구속함을 받은 하나님의 백성들로 하여금 "복음에 합당하게 살라"(빌 1:2)는 것은 파당적인 교파주의와 바리세인적인 신앙 생태를 가지고 살아가는 것이나, 현세적 기복신앙상태로 살아가라는 것이 아니다. 오늘의 한국교회 안에 있는 허무주의적이고 내세주의적인 신앙 상태와 교파주의적인 바리새 신앙은 비복음적이다. 또 현세적 기복신앙의 상태는 이원론적인 사고의 상태요, 은혜라는 미명아래 신비주의로 흘러가는 상태이다. 하나님은

---

196) 김소영, 「예배와 생활」 (서울:대한기독교서회, 1974), p.166
197) 이계준, 「한국 교회와 하나님의 선교」 (서울:전망사, 1981), p.121.

현실사건 속에서 구체적으로 하나님의 부르심에 응답하는 삶을 요청하신다. 복음의 이해로서 한국 사회의 종교와 문화적 요인으로 인한 신앙과 생활의 단절은 극복해야 한다.

칼빈은 그리스도의 생활의 윤리와 표준을 그리스도에게서 찾으려고 하였다.[198] 그것은 자기부정과 십자가를 지는 것이었다.[199] 예배가 구속받은 그리스도인이 하나님의 존엄성을 인식하고 살아계신 하나님 앞에 자신을 굽혀 경외와 찬양과 감사와 존귀를 돌리고, 예배자들이 예수께서 친히 보여주신 종의 자세로 순종하는 생활로 나타나야 한다. 아무리 장엄한 의식으로 하나님 앞에 나아가 예배를 드린다고 하여도 그들의 생활이 하나님 뜻에 합당치 못했을 때 그 예배가 하나님을 영화롭게 하는 예배로서 완전하지 못하다.

칼빈은 하나님의 절대주권 앞에 무릎꿇는 생활을 최고의 목적으로 오직 하나님의 영광을 위하여 목숨을 바치는 삶을 추구하였는데 이것은 "오직 하나님께만 영광"(Soli Deo Gloria)을 돌리는 예배로 표현되고 생활로서 구체화 되는 삶이었다. 그것이 바로 초대교회의 예배와 생활로 들어가는 종교개혁정신이다(행 2:42~47). 교회는 이 세계 속에서 분리되어 존재하는 존재가 아니다. 그러므로 이 세계 안에서의 하나님의 백성의 생활은 예배에 의해 지탱되어야 한다,

예배가 생활에 연장되어 전인적인 삶의 응답이 되어져야 한다. 예배는 인간을 전적으로 하나님께 복종시키는 행위이다. 자신의 일체를 바쳐 하나님을 따르게 하는 것이다. 그리스도의 구원에 의해

---

198) Inst, Ⅲ.6.
199) Ibid., Ⅲ.7.

새로운 존재가 되었을 때 인간은 전적으로 하나님이 소유하게 된다. 이 구원의 은혜를 보답하기 위해 세계속에서 "거룩한 산제사"인 생활의 예배가 이루어져야 한다. 개신교의 신앙원리는 사람들에게 초자연적인 구원과 함께 능력을 공급하여 주었다. 이 신앙에 거하고 있는 동안에도 신자들이 언제나 하나님의 자녀로서 생활속에서 하나님께 영광을 돌리는 능력의 삶을 소유할 수 있게 된다. 즉 예배가 생활에 연장되어 전인적인 응답이 되려면 오직 믿음으로 하나님만을 의지해야 한다. 반드시 하나님의 계시인 성경을 통해서 인간의 문제를 보고 그 계시를 통해서 인간문제에 대한 해답을 얻는다.

칼빈은 신학주제는 하나님의 주권과 영광이다. 이것은 인간의 죄성과 타락성에 대한 철저한 인식에서 온 것이다. 칼빈의 신학적인 관심은 구원받은 성도가 어떻게 하나님께 영광을 돌릴 수 있을까 하는 성화론에서 출발했다고 하겠다. 그러므로 우리의 생활의 한 부분, 한 행동에서도 하나님의 영광을 드러내지 않아도 되는 순간은 없는 것이다. 하나님의 절대주권 앞에 무릎을 꿇고 하나님의 영광을 위하여 삶을 드리는 것이다. 즉 받은바 은혜에 대한 사랑과 헌신으로 감사하고 하나님께 영광을 예배와 생활의 최고 최선의 목표로 삼아야 한다.

3. 바람직한 예배순서의 제안

지금까지 종교개혁 원리와 개혁자들의 예배원리를 근거로 하여 실제 한국 교회의 예배 내용면에서 문제점을 고찰하였다. 그리고 예배에 의식(意識)의 변화와 생활과 선교차원의 예배갱신의 원리도 제시했다. 즉 하나님의 부름을 받고 모여 예배하는 교회는 흩어져 세상으로 파송되어 나가는 예배와 생활의 조화를 전제로 하여 이제 이런 원리가 구체적으로 적용되는 생명력 있는 공중 예배가 되게 하기위하여 "예배의 실례"를 제안하고 설명하고자 한다.

첫째, 바람직한 예배 순서의 실례

바람직한 예배의 모델은 다음의 몇 가지 원리를 살려서 작성한 것이다

(1) 예배를 하나님의 계시와 인간의 응답의 행위로서의 본질을 살렸으며,

(2) 종교개혁 원리의 말씀 중심과 성례전의 균형을 고려하고

(3) 예배순서 전체가 통일성과 연관성이 있도록 한 것이며

(4) 역사적으로 변천 과정에서 발전되어 온 기독교 예배정신을 보존하며

(5) 성경에 입각하여 예배가 축제임을 의식토록 하였으며

(6) 예배와 생활의 일치와 연장으로 예배정신을 유지하고

(7) 예배의 공동체 의식을 회복하려는 시도로 예배자와 함께 하는 순서를 제안하였다.

주일예배순서(성만찬이 있는 경우)

1부 오전 시   인도자: 목사
2부 오전 시   *는 일어서서

예배로 나아감

예배전주 ·· 반주자
예배에의 부름 ·· 인도자
임재의 기원 ·· 인도자

찬양과 고백

*경배 찬송 ·····················장················· 다같이
*성경교독 ··· 다같이
*고백 기도 ·· 다같이
*용서의 선언 ·· 인도자
*영 광 송 ·····················장················· 다같이

말씀 선포와 응답

성경 말씀 ····························· 인도자(혹은 신자)
찬 양 ·· 성가대
목회 기도 ·· 인도자
말씀 선포 ·· 설교자
신앙 고백 ···············사도신경················ 다같이

성만찬과 봉헌

*헌금봉헌·················· 장 ·················다같이
*봉헌기도····························인도자
성만찬 말씀··························인도자
성만찬 기도··························인도자
분명과 분잔··························인도자
감사기도····························인도자

친교와 파송

친교의 인사··························다같이
교회소식····························인도자
*결단의 찬송·············· 장 ·················다같이
*축복의 기도······· 사도의 축복(고후 13:13) ·········· 인도자

둘째, 바람직한 예배의 본질

한국 교회는 개혁자들의 정신과 성경에 근거한 예배의 회복이 이루어져야 한다. 그러므로 우선적인 우리의 관심은 예배의 알찬 내용을 통하여 많은 예배자들이 신앙적 경험을 갖게 하고 새로워지는 변화가 계속 일어나도록 해야 한다. 이것이 바로 16세기의 그 험준한 상황 속에서도 개혁의 역사를 쉬지 않았던 개혁자들의 열망이었다. 개혁의 역사를 넘긴 오늘의 개신교 예배가 본질적으로 갖추어야 할 것들은 무엇인가 하는 문제도 우리의 정확한 이해를 요구하고 있다. 기본적인 예배 정신을 근거로, 그 틀을 형성해야 하는 본질적인 이해부족은 탈선적 예배행위의 연출로 그쳐버릴 결과까지 가져올 수 있기 때문이다. 그러면 예배 인도자와 참여자가

마음속 깊이 자리를 잡고 있어야 할 필수적인 명제가 무엇인지 간략하게 정리하고 바람직한 예배의 모델을 설명하겠다.

(1) 기독교 예배의 대상인 하나님은 영적인 존재라는 사실을 모든 예배자들이 마음속에 확신해야 한다. 16세기의 종교개혁이 있기 전부터 무려 1500년 동안을 지켜온 기독교의 예전을 개혁자들이 정면으로 비판하고 나섰던 가장 큰 이유는 영적인 하나님을 성전 안에 보이는 하나님을 격하(格下)시켜놓은 데 있었다. 동서방교회가 그들의 성전 안에 화려한 상징과 장식을 통하여, 그리고 지극히 가시적(Visual)인 의식의 형태를 가지고 하나님을 섬기려 하였기에 하나님을 조각한 형상 속에 머물게 하였다. 예배자들은 먼저 하나님은 물리적 존재가 아니라 영적존재라는 것을 깨달아야 한다. 그러나 여기에서 유의해야 할 점이 있다. 그것은 영적인 존재는 영적으로 섬겨야 한다는 주장을 그릇되게 해석한 나머지 예배의 처소나 시간 등 정규적인 교회의 규약을 부정하는 사례가 발생하는 것이다. 두 세 사람이라도 주의 이름으로 모여 언제 어디서든지 예배는 드리면 된다는 주장은 더욱 교회를 무질서로 끌고 가는 것이다 그래서 하나님은 자신을 어떻게 섬겨야 하는 구체적인 내용을 이미 이스라엘 백성에게 명령하셨으며, 주님도 이 땅에 계시는 동안 영적인 하나님을 섬기는 자세로 몸소 보여주셨다. 문제는 신령함이 표현되는 예전의 형태 속에서 영적인 하나님을 바르게 섬기도록 하는 성령의 역사가 지배하는 예배가 되어야 한다.

(2) 그리스도 중심의 예배가 되어야 한다.

중세 로마 가톨릭은 사제 중심으로 예배를 했으며 교황을 그리스도의 대리자로 예배 속에 느끼게 하였고 또 성모마리아를 비롯한 수많은 성자들을 예배의 구심점으로 만들었던 일이 개혁자들의 공격 대상이 되었던 것은 본 논문Ⅱ장과 Ⅲ장에서 이미 살펴 본 것이다. 예배 구심점에 있어서 어떤 인간이라도 주역이 될 수가 없다. 이 땅에 오신 예수는 하나님과 인간 사이에 막혔던 담을 수난의 역사적 사건(Historical Event)을 통하여 헐어버리셨으며, 부활을 통하여 구원을 확증하셨다. 이러한 이유 때문에 예배 가운데서 그리스도를 발견해야 하며 그를 통하여 하나님과의 만남을 가져야 한다. 그럴 때만이 예배하는 공동체가 진정으로 예배와 생활을 지속할 수 있게 된다.[200]

(3) 예배의 형태와 메시지가 성경을 바탕으로 해야 한다. 성경을 떠난 여하한 신앙의 행위도 용납하지 않는 것이 종교개혁의 정신이다. 칼빈은 본 논문Ⅱ장에서 살펴 본대로 "하나님을 성경 가운데서 우리에게 그 자신에 관한 정확한 지식을 준다."[201]고 강조하면서, 기독교의 전체적 규범이 성경 외에서는 발견될 수 없음을 역설한 바 있다. 이유는 "성경 그 자체가 역사를 주관하는 하나님의 말씀이기 때문이다"[202]

오늘의 우리 예배가 어디에 기준을 두고 있는 실정인지를 자세히 살펴보면 성경 중심의 예배정신에 대한 필연성이 뚜렷해진다. 수많은 예배 인도자들은 자신들이 가진 경험적인 사건에 초점을 맞추어버리는 사례가 허다하다. 그러므로 종교개혁자들은 예배의 제반 정신과 내용이 성경으로 돌아가야 함을 천명한 것이다. 영적

---

200) J. J. Von Allmen, <u>Worship: It's Theology & Practice</u>, (New York:Oxford Press, 1965), pp.42~43.
201) Inst. Ⅰ.4.1.
202) Ibid., Ⅰ.4.2.

으로 아무리 충만한 목사라 할지라도 신적인 존재가 될 수 없다. 오직 성경에 근거하고 그 가르침 속에 머무는 예배 공동체만이 하나님을 기쁘시게 할 수가 있다.

셋째, 바람직한 예배모델 요소의 설명

위에서 제시한 바람직한 예배의 모델 요소를 설명하겠다. 예배의 모델 구조는 다섯 부분으로 구성하였다. 즉 예배로 나아감, 찬양과 고백, 말씀 선포와 응답, 성만찬과 봉헌, 친교와 파송 등이다.

1) 예배로 나아감

이 부분은 공중 예배의 초입 부분으로 하나님께서 자기 백성을 불러 모아 교회(ἐκκλησία)를 이루는 부분이다. 성경에 보면 "하나님은 자기 백성들을 부르신다."(사 44:1), "그 백성은 부름에 응답하여 안식 후 첫날에 모여"(고전 16:2), "하나님께 경배"(시 95:11)하였다. 하나님의 부름을 받아 모인 교회의 첫째 목적은 예배하는 일이다. 오늘날도 신자들이 하나님의 부름을 받아 주일마다 모이는 것도 예배가 목적인 것이다.

(1) 예배의 전주(Prelude) – 반주자

예배가 시작할 무렵의 예배의 전주는 개신교 예배의 서두에 중요한 몫을 담당하고 있다. 많은 신자들은 이 순서가 회중들이 좌석을 정리하거나 예배의 시작을 기다리면서 그 공간을 메꾸는 것으로 오해하고 있다. 그러나 이것은 엄격히 말해 예배의 첫 부분의 순서이다. 전주곡은 참석자들에게 공중예배를 위한 마음의 적절한 영감을 얻도록 하는 뚜렷한 목적이 있다. 하나님께 드려지는 장엄하면서도 경건한 음악 속에서 예배자들이 각자 마음을 정리하고 흠 없는 자세로 준비를 갖추는 뜻을 지닌 중요한 부분이다.

쯔빙글리의 예배 개혁은 악기의 사용을 예배에 전면 금지하는 극단적 면을 보여주었다. 그러나 구약시대부터 사용되어 왔던 악기들을 예배속에서 자취를 감춘 것이 아니라 그 필요성이 마틴 루터에 의해서 오히려 강조되었다. 루터는 말하기를 "음악은 하나님이 주신 가장 좋은 선물 중 하나이므로, 하나님이 주신 음악으로 하나님을 경배하는데 사용하는 것은 최고의 가치가 있다"[203]라고 하였다. 한국교회 예배에서 시작 전에 어수선한 분위기를 수습하고자 종을 쳐서 예배를 선언하는 것은 바르지 못한 방법이며 다른 나라에서는 볼 수 없는 특유한 현상이다.[204] 음악을 예배의 첫머리에 사용하는 것은 성경적으로 보나 예배학적으로 예배의 심미적 표현으로 보더라도 좋은 순서이다. 도날도 케트링(D. Kettring)은 예배 전주에 대하여 다음과 같이 설명하고 있다.

예배(11시)를 위한 예배 전주는 10시 45분에 시작하도록 한다. ……이상적인 연주는 시작을 조용하면서 부드럽게 하고 곧 중간음으로 발전하고 이어서 전음(Full Organ)을 조화있게 사용하면서 연주한다. 마지막 4분을 남겨놓고서는 다시 조용한 음으로 돌아와 교회 안에 정중한 침묵의 분위기가 흐르도록 한다. 10시 58분에 연주한 음악이 끝나도록 하면서 목사와 성가대 입장과 연결을 맺는다. 가급적 주보에 연주할 음악의 작사, 작곡가를 밝힘이 좋다.[205]

---

203) 지원용, 「예배 의식문 해석」 (서울 : 컨콜디아사, 1965), p.9.
204) 정장복, 「예배학 개론」 (서울 : 종로서적출판주식회사, 1989), p.120.

(2) 예배의 부름(Call to Worship) - 인도자

오늘날 우리의 교회가 종을 치면서 회중들의 주의를 환기시키는 것은 로마 가톨릭에서 도입하는 결과가 된 것 같다. 그러나 "이제 다 같이 우리의 뜻과 정성을 모아 예배를 드립시다."의 선언과 함께 하나님의 말씀으로 회중들을 예배 가운데 임하게 한다. 그것은 예배의 주도권을 인간이 갖는 것이 아니라 하나님이 소유하시고 사용하고 계심을 알리게 되는 것이다. 이 순서는 칼빈에 의해 성구 낭독으로부터 시작된 것으로 개신교 예배의 역사에 오랫동안 지속해 온 것이다. 하나님의 명령에 따라 예배를 드리는 분위기를 형성하는 순서가 바로 이 예배의 부름이므로 인도자의 목사는 가급적 사용될 성구를 외워서 뚜렷한 발음으로 해야 한다. 단순히 읽어내려는 성구는 그만큼 효과가 없다는 게 지배적이다.

칼빈은 예배자들이 잡다한 인간의 사연에 의하여 답답하나 심령을 끌고 그대로 와서 앉아 있는 무리들에게 하나님의 엄숙한 말씀을 통하여 하나님의 현존을 깨닫게 하려는 시도를 했던 것이다.

(3) 임재의 기원(The Invocation) - 인도자

많은 목사들이 예배의 부름 다음에 시편을 읽고 자신이 드리는 기도 순서를 취하고 있다. 기원이라는 것은 짧은 기도로서 오늘의 예배 속에 임재하신 하나님의 권능과 현존을 예배인도자와 회중이 깨닫도록 해달라는 단순히 기원의 성격을 띠고 있다.

---

205) Donald D. Kettring, <u>Steps Toward a Singing Church</u>, (Philadelphia : The Westminster Press, 1948), p.227.

2) 찬양과 고백

이 부분은 공중 예배의 제2단계로 들어간다. 신자는 하나님의 부르심에 경배의 찬양을 드리고 먼저 하나님 임재 앞에서 죄의 고백을 해야 한다.(시 66:18) 이 요소를 칼빈의 공중예배 순서에서 크게 강조한 것을 본 논문 Ⅲ장에서 보았다. 이 부분에서는 인간의 불완전과 연약함과 하나님의 거룩하심, 인간의 무가치함을 고백하는 요소이다. 구약 예배에 있어서 기도와 찬양은 범죄에 대한 회개로 가득 차 있다. 그것은 하나님의 자비와 용서로 인한 찬양과 감사(시 32:5)가 병행하고 있는 것이다. 그리고 신약에서는 복음 자체가 그 본질상 죄인들에게 주시는 하나님의 말씀이라고 할 수 있다.

(4) 경배 찬송(Hymn of Praise) – 다같이

칼빈주의적 예배에 있어서 가장 중요한 것 중의 하나가 찬송과 기도이다.[206] 그런데 이 둘을 하나로 보았다. 왜냐하면 찬송은 기도의 노래 형태로 보았다. 그리고 찬양도 주로 시편에다 곡을 사용했다.[207] 칼빈은 쯔빙글리와는 달리 음악은 "교회에 주신 하나님의 선물"로 이해하였다.[208] 예배를 신령과 진정으로 드리라는 준엄한 하나님의 말씀 앞에 모두가 일어서서 응답하고, 그 하나님을 찬양하는 순서가 곧 경배의 찬송이다. 이 찬송을 일명 행렬의 찬송(Processional Hymn)이라고 하는데, 예배의 부름이 끝나고 성가대가 입장을 하면서 그 부르심에 응답하는 경건한 행렬을 찬송과 함께

---

206) 본 논문을 Ⅲ장 3절 참조.

207) Ibid.

208) Ibid.

가짐으로써 의미를 살리는 것이다. 그러나 이는 교회의 구조를 고려해야 한다. 하나님으로부터 예배하도록 부르심을 받았을 때 인간들은 당연히 일어서서 죄인된 자신들을 거룩한 존전에 예배하도록 불러주시고 허락하신 하나님을 우러러 보면서 찬양으로 응답하는 것은 참으로 귀한 의미가 있다.

음악은 인간의 심성을 표현하는 정직한 표현이며, 하나님으로부터 받은 소중한 선물임에 틀림이 없다. 그래서 이것을 어떻게 효과적으로 사용하느냐에 따라 예배의 전체 분위기와 개인적인 신앙의 표현과 경험을 새롭게 할 수 있다. 예배에서 인간들의 근본적인 응답은 하나님의 존귀와 영광의 찬송이요, 감사의 찬송인 것이다. 교회음악은 공중예배에 있어서 감명적이고 암시적인 기능(Impressive of Suggestive Function)으로서 예배를 보조하는 것이고 다른 하나는 표현적 기능(Expressine Function)으로서 예배의 수단이다.[209] 즉 찬송은 우리들이 확신을 가지고 표현하는 우리 믿음 곧 창조와 구원과 섭리에 있어서의 하나님의 전능하신 행위에 관한 신앙고백인 것이다. 칼빈은 예배가운에 사용된 찬송을 가리켜 "하나님을 우러러 찬양하고자 하는 뜨겁고 열렬한 열심과 더불어 인간의 가슴을 강렬하게 움직이는 힘을 가지고 있는 것이라"[210]말하고 있다.

(5) 성경교독 – 다같이

성경적으로 보면 이 요소는 회당 예배의 한 부분에서 물려받았는데(행13:15) 초대교회에서도 공중예배의 특색으로 시행하였다.[211]

---

209) 최희범, "예배란 무엇이가," 「어린양」 1989, p.28.
210) 저장복, p.124.
211) Edward. T. Horn, p.56.

즉 율법, 예언서, 서신, 사도행전 및 복음서 등이다. 이것이 5세기 경에는 구약성경교독(제1독), 서신 및 복음서 교독(제2독)으로 나누어 교독하게 되었다.[212] 주일 공중예배에서 성경 교독하는 것은 성경적이라고 생각한다.

(6) 고백의 기도(Prayer of Confession) – 다같이

19세기 말부터 예배 복고운동이 일기 시작하면서 개혁자들이 그토록 소중하게 여기던 "고백의 기도"라는 순서에 대한 새로운 가치성이 발견되었다. 그 후 수많은 개신교에서 이 죄의 고백이 다시 등장하게 되었고, 모든 회중들의 가슴속에 하나님의 거룩함과 그 앞에 죄인된 초라한 자신의 모습을 발견하게 하는 의미 있는 순서로 정착되었다. 고백의 기도는 죄의 고백과 함께 사죄와 간구와 은혜를 위한 탄원이 있어야 하며 계속하여 성경에 의한 사죄의 선언이나 확신을 주는 말씀이 따라야 한다.

(7) 용서의 선언 – 인도자

하나님은 예배하는 자들의 죄를 용서하시는 은혜를 마련하신 자비로운 하나님을 예배자들이 재인식할 필요가 있다. 하나님의 백성이 죄를 고백했다면 하나님의 용서의 보증을 받을수 있다(엡 1:7). 이 순서는 가톨릭의 면죄선언이 아니다. 어떤 사람의 죄가 용서되었다고 어떤 목사나 신부가 선언할 특권이 없다. 하나님께서만 용서하신다. 그러나 예배자들이 하나님의 말씀의 약속에 의하여 그리스도의 구속의 은혜로 사죄받는 은혜의 보증을 전할 뿐이다.[213]

---

212) Ibid.

213) Robert. G. Rayburn, 「예배학」 김달생 외 2인 공역, (서울:성광문화사, 1982), p.226.

(8) 영광송 - 다같이

하나님의 용서가 선언된 다음 인간의 응답으로서 영광송을 갖는다는 것은 예배에 대한 의미를 부여하는 것이다. 이는 회중이 함께 부를 수도 있고 성가대에 의하여 불려질 수도 있는 부분이다. 용서를 주신 하나님을 향하여 그 위대하심과 자비하심을 찬양하는 이 부분은 초대교회 때뿐만 아니라 부처(Bucer)와 같은 개혁자들에 의해서도 대영광송(Gloria in Excelsis)이라는 이름으로 지켜오던 순서이다. 이러한 영광송은 모두 일어선 자세에서 부르는 것이 당연하다. 가능하면 용서의 선언이 끝나는 즉시 반주자의 첫 음만을 듣고 지체없이 시작하는 것이 예배의 분위기를 이끌어 가는데 더욱 효과적이라 하겠다. 이 때 어떤 교회에서는 인도자마저 제단 위의 십자가를 향하여 몸을 돌리고 정중히 영광송을 부르는 경우가 있다.

3) 말씀선포와 응답

이 부분은 공중예배의 중심부분이다. 기독교예배는 하나님의 말씀과 그것에 대한 복종의 응답이며, 이는 개신교의 기본 원리이다. 계시, 곧 하나님의 말씀은 역사 안에 나타난 하나님의 능력 있는 행위 속에서 나타났고 예배자들에 의하여 선포되었으며 예수 그리스도 안에서 구체화 되어 우리에게 전달되었다(히 1:1~2, 요 1:4). 하나님의 말씀은 성서와 설교, 그리고 성례전에 의하여 우리에게 전달된다.

(9) 성경봉독(Scriptural Lesson) - 인도자(신자대표)

지금까지 다루어 온 예전의 순서는 모두가 하나님께 드리는 인간의 찬양, 감사, 경외와 고백의 행위들이었다. 이제 여기서부터는 하나님께서 인간에게 응답해 주시는 순서이다. 하나님이 인간들에게 예배를 통하여 가장 분명하고 풍부하게 응답해주시는 것은 하나님의 말씀을 통해서이다. 이는 종교개혁 당시부터 강조하여 온 것이다. 말씀이란 예배에서는 기록된 하나님 말씀의 봉독과 설교자를 통한 그 말씀의 선포와 해석과 적용이다. 1645년 웨스트민스터의 예배 모범이 나왔을 때도 말씀을 봉독하는 시간에는 구약과 신약에서 각 한 장씩을 읽도록 해야 한다는 엄격한 주장이 있었다.[214) 그래서 그들은 교회의 설교단(Pulpit)을 가장 우뚝 솟아나게 배치하여 말씀의 권위를 살리는데 상징적인 노력을 기울였다. 이때는 모든 성도들이 말씀의 단을 통하여 봉독되어진 말씀에 귀를 기울이고 이어서 계속된 설교를 경청하면서 새로운 양식을 공급받는 심정으로 즐거운 예배를 드렸다.

성경이 모국어로 번역되어 개인들의 손에 들어가기 전까지 16세기 동안은 이 순서가 예배의 극치를 이루었다. 그러나 현대는 누구나 성경을 소유하고 언제 어디서나 읽을 수 있게 되자, 점점 이 순서의 필요성이 약화되어 설교의 본문만을 읽는 단계로 침체되고 말았다. 그러나 많은 개신교회들은 이 순서의 의미를 회복하려는 노력이 일어나 개혁자들이 남긴 봉독의 깊은 뜻을 새롭게 실현하려는 의지를 보이고 있다.[215) 그것은, 교회력에 따른 성서일과의 도입이다. 성서일과란 말씀의 사역에서 하나님의 말씀을 전체적으로 교인들에게 주기 위하여 세워진 것인데 매주일 구약과 복음서

---

214) 정장복, p.132.
215) Ibid., p.133.

와 서신서에서 그 계절에 맞도록 선별된 성경말씀이다.

둘째로, 성경을 봉독할 때 단순히 봉독자가 간단히 읽어버리던 방법을 지향하고 그 말씀이 있기까지의 배경을 누구나 알아듣기 쉽게 설명한 다음 봉독하는 것이다.

누가 이 말씀의 봉독을 할 것인가에 대해서 지금까지는 목사의 전권에 속한 것으로 알아왔다. 그러나 예배의 진행에 평신도참여운동과 함께 많은 교회들의 평신도들을 목회기도까지 맡기고 있다. 그러나 이러한 비상식적인 일보다는 평신도 중에서 대표를 잘 선정하여 정중히 봉독하도록 한다면 좋은 성과를 거둘 수 있을 것이다. 성경은 영원한 하나님이 백성들을 찾아오시고 구원하신 역사적 사건들에 대한 증거이다. 성경은 예배의 중심이다. 성경이 성령님에 의하여 사람들에게 계시된 하나님의 역사속에서의 활동을 써놓은 기록인 이상 성경은 예배에서 그 객관적 내용의 주된 원천이다. 성경은 예배에서 그리스도를 믿음의 대상으로 제시한다.

(10) 찬양 – 성가대

오늘의 예배 가운데 성가대가 맡은 역할은 대단히 중요하다. 그 중에서도 설교 전에 부르는 찬양은 하나님을 향하여 가장 아름답게 경회를 드리는 부분이며, 예배자들의 마음을 하나님 앞에 함께 끌고 가는 사명을 감당하고 있다.

(11) 목회 기도 – 인도자

이 순서는 설교 전에 드리는 기도로서 내용은 두 가지 성격을 지닌다. 부처와 칼빈과 같은 개혁자들이 사용했던 예배 순서를 보면 말씀봉독 전에 이 기도가 있다. 당시의 이 기도는 설교자가 기

도서에 모아진 훌륭한 기도문(Collect)들을 읽는 것으로 대치되었
다.216) 그러나 최근에 이르러 이 기도의 활용이 없어졌다. 그 대신
설교자의 짤막한 기도로 대치해 오고 있다. 그러나 설교자는 간결
한 기도 가운데서 하나님의 절대적 권위와 역사 앞에 인간들의 마
음과 뜻과 정성을 완전히 바친 채 조용히 말씀을 기다리는 자세의
고백을 해야 할 것이다. 그리고 이 기도는 교회 공동체를 위한 기
도인 만큼 교인들을 위한 목회상의 모든 것을 내용으로 하나님께
기도해야 한다.

(12) 말씀 선포 – 설교자

설교란 예배 가운데서 봉독한 하나님의 말씀을 회중들에게 다시
해석해 주고 회중의 삶속에 구체적으로 적용시키는 것을 목적으로
한다. 하나님은 말씀의 설교를 통해서 죄인의 마음에서 활동하시고
회중들은 신앙에 의해서 구원받게 된다(롬 1:16~17, 10:17). 그러
므로 설교는 예배의 중심이며 절정이라고 할 수 있다. 복음의 설교
는 견해(Views)에 관심을 가지는 것이 아니라 소식(News)에 관심을
갖는 것이다.

즉 설교는 좋은 소식의 선포(Proclamation)이지 어떤 좋은 충고를
제공하는 것이 아니다. 설교가 본질적으로 복음의 선포이며, 거룩
한 역사 안에서 나타난 하나님의 능력의 행위의 선언이라면 그것
은 성경적이어야 한다. 곧 성경은 살아있고 영원한 하나님의 말씀
으로서 해석하는 것이어야 한다. 그리고 설교가 참으로 성경적이기
위하여는 그 형식과 강조점이 무엇이든 간에 그리스도 중심적

---

216) Ibid., p.147.

(Christo Centric)이어야만 한다. 기록된 말씀의 목적은 육신이 된 말씀으로까지 인도하는 것이다. 그리스도를 설교한다는 것은 그의 이름을 통한 구원을 설교하는 것이다. 칼빈은 일찍이 어떤 교회의 모임도 말씀과 성만찬이 없이는 예배 공동체가 될 수 없다고 말했다.[217] 이러한 개혁 사상은 개신교 예배 안에서 말씀의 선포가 중심적인 위차에 있음을 말해주고 있다.

  (13) 신앙 고백 – 다같이

  이 요소는 순서상으로 말씀 선포의 응답으로서 의미를 가진다. 사도신경은 하나님의 말씀에 근거한 그리스도인의 신앙을 가장 간단명료하게 증거하는 신앙고백서로서 가장 오래된 신조이다. 사도신경을 설교 후에 순서를 넣는 것은 성경에서 그 진리를 요약하였기 때문이다. 칼빈도 제네바 예식서에서 설교 후에 이 순서를 넣었으며 루터교회에서도 성경봉독 후 순서에 넣었고 성공회에서도 설교 후 순서에 니키야 신경을 넣어 고백한다.[218] 여기서 한 가지 강조할 것은 사도신경을 고백할 때 인도자는 "사도신경을 고백하겠습니다."라는 말보다 "사도신경으로 우리의 신앙을 다함께 확인합시다"라고 하든지 그 외 비슷한 말로 하여야 한다. 사도신경은 기조가 아니다.

---

217) Inst. Ⅳ.17.44.

218) 백천기, "공예배 의식 갱신에 관한 연구." (목회학박사학위논문, 아세아연합신학대학원, 1984), pp.148~173.

4) 성만찬과 봉헌

이 부분도 역시 말씀 선포와 응답의 예배 부분과 함께 공중예배의 중심부이다. 필자는 한국에 전승된 예배는 메마른 형태였으며 그 갱신의 하나로 말씀과 성만찬의 균형을 제시하였다. 여기서 새롭게 관심을 가져야 할 것은 하나님의 말씀은 설교만을 통하여 전파되는 것이 아니다.

하나님의 말씀은 기록된 말씀(성경), 전파된 말씀(설교), 그리고 성례전을 통하여 눈에 보이는 말씀으로서 그의 백성에서 주어지며 이 말씀이 성령의 역사 속에 예배자들의 영혼을 소생케 한다. 성례전은 예배 가운데서 '하나님과의 만남' '주님과의 연접(link)'이라는 가장 중요한 신앙의 표현과 경험을 수반한다(요 6:56). 곧 성례전은 하나님의 은혜의 선포와 예배자들의 진지한 응답이 나타나는 현상이다. 성례전을 통하여 예배자들은 하나님의 은혜가 죄인 된 우리 인간을 향하여 선포되어지는 것을 구체적으로 느낄 수 있고, 그래서 우리 인간은 무릎을 꿇고 죄인 됨을 고백하고 주님을 영접하겠다는 뚜렷한 응답을 보일 수 있게 한다. 그리고 주님의 살과 피를 나누는 예전에 참여하면서 죄인을 사랑하셔서 희생하신 주님 앞에 응답을 드리게 된다. 성례전은 하나님의 은혜의 역사의 표적과 인증(Seal)이다. 곧 보이는 말씀은 들려진 말씀의 표적이고, 보증이다. 예배는 말씀이 바르게 선포되고, 성례전이 바르게 집례 되어야 한다.

(14) 봉헌송 – 다같이

봉헌사가 끝남과 동시에 성가대는 봉헌성가를 부르며 헌금위원들은 조용하게 회중석에 가서 수금한다. 이때 독창하는 것도 좋은 것이지만 회중들이 다 같이 일어나 봉헌송과 함께 헌금을 드리는 것은 예배 예식을 풍부하게 한다. 봉헌(Offering)은 감사와 헌신의 표시로서 모든 마음과 정성의 표현인 것이다(시 96:8). 헌금은 예배자들의 희생적인 신앙과 정성과 마음이 모여진 것이어야 한다. 그리고 하나님의 나라와 그의 의를 확장시키기 위하여 그 선하신 뜻대로 사용하시도록 바치는 마음과 물질의 봉헌이어야 한다. 이와 같이 예배는 하나님의 구속적 은총에 대하여 인간이 찬송과 기도와 예물을 드림으로 응답하는 것이다.

(15) 봉헌기도 – 인도자

이 봉헌 기도는 드리는 예물과 관련된 내용이어야 한다. 하나님의 사랑과 은총에 감사하여 드리는 예물을 하나님이 기쁘시게 받으시도록 기도하는 것이다(딤전 2:1~3, 왕상 8:12~16).

(16) 성만찬말씀 – 인도자

성만찬은 주께서 친히 제정하시고 행하라 하신 명령임을 다시 깨닫게 할 뿐만 아니라 주의 말씀을 받아 그에 응답하여 행동하는 순서이다. 인도자는 (마 26:26~29, 막 14:22~25, 눅 22:17~20, 고전 11:23~26)중 어느 한 곳을 택하여 낭독하여 준다.

칼빈은 하나님의 말씀 증거로서의 설교와 성만찬의 조화를 이루기 위하여 무척 애를 썼다, 칼빈은 성례전이 우리의 전 신앙생활에 중요하다는 것을 강조하여 "성례전에서 우리는 그리스도의 살과 피에 동참한다. 따라서 그는 우리 안에 우리는 그의 고난으로 말미암아 오는 모든 은사를 즐기게 된다"[219]고 하였다.

---

219) 본논문 Ⅲ장 3절 참조.

칼빈은 성찬식에 참여하는 것은 과거의 사건을 상기하지만 현재 그리스도가 물적 표식 안에 영적으로 존재해서 신자의 마음을 굳게 한다는 점과 신자가 성찬식에 참여해서 떡과 포도주를 취하는 것이 단순히 신앙적 행동이 아니라 실제로 그리스도가 존재하는 것을 체험하고 감화를 받는다고 한다. 칼빈은 매주일 예배에서 하나님은 말씀 전파와 성찬식을 겸하려고 노력하였다. 그리고 칼빈은 순서적으로 하나님 말씀 선포와 기도와 찬송 그리고 성만찬이 예배의 합당한 순서임을 주장한다.

(17) 성만찬 기도 – 인도자

성만찬의 기도는 주님께서 떡을 떼시기 전 친히 행하신 기도이므로(마 26:26) 인도자는 성찬에 대한 감사를 드린다. 이 기도는 성찬을 행하게 허락하신 하나님께 감사하는 뜻이 있다.[220]

(18) 성찬분배 – 인도자

성찬 분배는 여러 가지 방법이 있다. 회중에게 배찬 위원이 가져다주는 방법이 있고 회중이 성찬대 앞에 모여 차례대로 직접 성찬기에서 가져다 먹는 방법이다. 그러나 후자가 성경적이다. 이는 예수님과 제자들이 식탁에 둘러앉아(눅 22:17～20) 성찬을 나누었기 때문이다. 그리고 예수님의 제자들은 각기 손을 넣어 집어다 먹었다는 증거(눅 22:21)가 있는 것을 참고하기 때문이다.

(19) 감사의 기도 – 인도자

이 기도는 성찬을 마감하면서 성찬을 받아 주의 백성으로서 살

---

220) 이상근, 「마태복음 주해」(서울 : 대한예수교장로회총회교육부, 1982), p.365.

아나게 됨을 감사드리며, 이 세상에 나가서는 항상 성만찬의 정신을 가지고 살아가도록 간구하는 것이다(빌 4:7)

5) 친교와 파송

이 부분은 지금까지 진행된 예배순서가 하나로 묶어 신앙적 축제가 되어야 한다. 하나님의 부름을 받아 모인 성도가 사랑으로 연결되는 친교와 용서받는 은혜와, 하나님의 말씀을 받은 감격과 성만찬을 받은 감사가 집약되어 기쁨과 부활의 승리감을 갖게 한다. 그리고 예배와 생활의 조화로서 이제 세상으로 파송 받아 예수 그리스도의 제자의 증인된 삶을 갖도록 연결시켜 주는 것이다.

(20) 친교의 인사 – 다같이

이 순서는 전통적으로 중요한 요소이다. 초대교회 신자들은 예배의 절정에서 "거룩한 입맞춤으로 형제와 인사"(살전 5:26 롬 16:16, 고전 16:20, 고후 13:12)하였는데, 이는 그리스도의 몸에 연합된 신성한 유대관계에서 행하여졌다. 그러나 우리의 풍습으로서 용납되기 어려우므로 그 정신만을 살려 성도끼리 인사를 나누도록 한다.

(21)교회소식 – 인도자

친교의 인사가 끝나면서 교회 안에 한 주간에 있었던 일을 알린다. 이것도 교회와 신자, 신자 상호간에 정신적인 유대가 될 수 있게 연결시켜 주는 순서이다. 그러나 간단하게 진행하는 것이 예배 분위기를 깨지 않는다.

(22) 결단의 찬송 – 다같이

이 순서는 다 같이 일어나서 간단한 송영곡을 찬송한다. 그 내용은 성삼위일체께 영광드리는 가사의 찬송을 부르게 하므로 예배와 세상으로 나가는 생활이 하나님께 영광된 삶의 결단임을 가지게 한다.

(23)축복기도 – 인도자

축도는 하나님의 백성을 향한 축복선언이다. 예배 정신으로 세상에 나가서 승리하도록 격려하는 축복기도이다. 성경상에 나타난 대표적 기도인 축도는 대제사장 축도(민 6:24~16), 사도적 축도(고후 13:13), 기타(고전 16:23~24, 계 22:21)등이다. 어느 것이라도 좋으나 개신교에서는 대개 사도적 축도를 많이 하고 있다. 축도의 방법은 회중을 향하여 두 손을 들고(눅 24:50)하는 것이 관례이다. 축도는 단순한 기도라기보다는 하나님이 복을 내려주는 것을 선언하는 행위이다.

結 論

결 론

이상으로 본 논문의 논제에 따라 한국 교회에 있어서 종교개혁 원리가 되는 성서적 기독교와 역사적 전통을 통하여 특히 칼빈주의를 중심으로 먼저 원리면을 고찰하고 여기에 기초하여 한국교회 예배에 표출된 문제점이 무엇인가를 찾아 갱신의 실제 문제를 다루었다.

요약과 평가

한국 교회에 있어서 종교개혁의 역사적 유산인 전통이 계승발전 되고 있는지 논술하기에 앞서 제Ⅱ장에서는 종교개혁자들의 개혁원리가 무엇이냐 하는 것이다. 개신교의 신앙원리는 하나님의 절대적인 주권이다. 하나님은 모든 것의 근원이시고 생명을 주고 의미를 주시는 분이기에 한 순간도 하나님을 떠나서는 존재할 수도 없고 가치도 없다. 하나님 중심의 신앙은 다시 두 가지 원리를 제공한다. 하나님의 계시이며 진리의 기준인 성경에서만 구원의 길을 찾을 수 있는 것이며, 구원의 방법은 믿음으로만 얻을 수 있는 것이다. 인간이 자기 자신을 위해서는 어떠한 선행이나 노력을 한다고 해서 하나님 앞에서는 아무 능력이 없다. 오직 존재의 근원이신 하나님께서 나를 위하여 계획하시고 섭리하신 신비하고 놀라운 구원의 계시를 믿어야 하나님의 모든 것을 선물로 받을 수 있다는 절대 은총론에 이른다. 일반적으로 누구나 다 이 원리를 아는 사실이겠지만 그러나 예배의식(意識)과 형태에서 보면 그렇지가 않다. 인간적인 요소들이 많이 혼합되어 있다. 그러므로 개혁정신이 빈곤한 우리의 강단에 분명한 방향감각을 찾기 위해서는 종교개혁의 원리를 살펴보는 것은 필수적인 것이다. 이유는 "만일 갱신이 예배에서 되지 않는다면 다른 곳에서도 되지 않는다."221)고 칼바르트가 말한 것처럼 교회 갱신이 교회의 본질과 기능을 회복하는 것이라면 이는 예배갱신으로 가능하게 된다. 그런 예배 갱신의 원리가 무엇이냐고 말할 때 그 원리는 칼빈과 같이 완전히 표준인 성경과 초대교회의 전통에서 찾아야 한다. 종교개혁 원리가 이에서 나온 것이기 때문이다. 오로지 하나님의 영광을 위하여 목숨을 바치는 삶을 추구하던 개혁정신에 따라 하나님의 절대주권 앞에 완전히 무릎 꿇어 경배하는 예배로 오직 하나님께만 영광(Soli Deo Gloria)을 돌려야 한다. 그리고 한 걸음 더 나아가 하나님의 영광을 위하여 목숨까지도 바치는 삶을 추구하겠다는 결의가 충만한 예배가 되어야 한다.

---

221) 본 논문 Ⅰ장 1절 참조.

교회가 존재하는 일차적인 목적이 하나님을 영화롭게 하는데 있기 때문이다. 그래서 III장에서는 종교개혁의 예배원리를 고찰하였다. 16세기 종교개혁이 그 출발에 있어 신학의 개혁을 목적으로 했다는 사실을 그 누구나 아는 사실이다. 그러나 예배학적인 측면에서 볼 때 그 개혁의 필연성은 중세 로마 가톨릭교회의 의미를 잃어버린 미사였다. 하나님을 섬기는 구체적인 하나님과의 만남의 역사가 발생하지 못한데서 이런 결과가 파생한 것이다. 복음이 전혀 들려지지를 않고 의식에만 강조를 두고 말씀에서 떠난 미신적인 미사를 중심으로 하였다. 개혁자들은 ① 전통위주에서 성경중심으로, 의식과 형식중심에서 말씀 중심으로 변혁했고, ② 이교적이고 미신적인 예배요소를 배격하고 성찬의 본질을 회복하려고 노력했으며 ③ 사제들의 중심에서 평신도의 적극적이고 능동적인 예배 참여를 주장하였다.

결국 가톨릭은 성찬 중심 예배가 되었다. 여기에 근본적으로 기독교의 모든 예배가 초기 기독교와 개혁자들의 정신과 성서적 원리와 실제가 적용되어야 한다는 과제가 있다. IV장에서는, 한국 교회의 예배가 개혁정신에서 변질되었음을 지적하였다. 첫째, 한국 교회의 예배는 미국 선교사들이 즉흥적이고 부흥회적인 성만찬이 약화된 예배를 전승해 주었음이 가장 큰 문제 중 하나였음을 깨닫게 된다. 결국 보이는 말씀이 성만찬이 결여는 개혁주의적이지 않는 예배에 대한 이해를 심어주었다,

둘째, 한국교회 신자들의 심성 속에 자리 잡고 있는 토착종교의 영향으로 인한 이교적인 의식과 태도이다. 샤머니즘의 영향으로는 ① 예배를 전인격적인 응답으로서의 헌신적인 삶보다 무엇을 받으

려고만 하는 점과 ② 참여 없는 구경꾼으로 예배드리는 자세와 ③ 극단적인 개인주의와 주관주의 요소이다.

불교의 영향으로는 지나친 염세주의와 타계주의, 그리고 허무주의 사상으로 현실을 무시하고 도피적이고 내세주의로 흐르는 면은 윤리의식까지도 병들게 했으며 유교의 권위주의와 파당주의적인 영향은 그리스도의 지체로서의 "몸"사상이 약화되고 수많은 갈림으로 교파가 쪼개어지는 결과를 빚었다. 그러나 한국의 재래 종교들의 신관이나 기복사상은 기독교 신앙의 수용과 양적인 성장에 긍정적인 역할을 하였음도 결코 배제할 수는 없다.

셋째, 한국 교회는 예배와 생활이 조화를 이루지 못하여 각자의 자신을 산제사로 드리지 못하는 예배라고 할 수 있다.

Ⅴ장에서는 종교개혁원리를 기초로 하여 예배 갱신의 실제를 제시하였다. 첫째, 의식적 갱신 측면에서 예배 갱신이 어떤 자료나 형식의 첨부나 변경보다는 종교개혁의 예배 중심인 들려지는 말씀과 보이는 말씀이 바르게 선포되어 지므로 하나님의 주권에 절대 순종하고 피조물로서 창조주 하나님이 영광을 드높이는 예배이면서 동시에 구속받은 죄인이 자유의 은총에 감격하여 감사와 찬양을 드리는 예배가 되도록 예배에 대한 의식이 갱신되어야 한다. 예배가 하나님의 계시와 그의 구속에 대하여 믿음을 가진 사람들이 즐겨 응답하고 몸을 바치고 헌신이 되어야 하기 때문이다.

둘째, 예배와 생활의 단절이 아니라 교회가 하나님께 궁극적인 영광을 돌리기 위한 것이 목적이므로 예배를 통하여 하나님께 영광을 돌리고 섬김과 선포의 선교의 사명이 공동체적으로 수행되어져 예배의 완전성을 이루어야 한다.

셋째, 종교개혁자들의 개혁정신과 성서적 원리에 입각하여 예배의 활성화와 생명력과 균형과 조화에 관심을 갖고 바람직한 공중 예배순서의 모델을 제안하였다. 들려지는 말씀과 보이는 말씀인 성례전이 균형을 이루고 개인적인 신앙체험과 함께 공동체의식이 강조되었으며 그리스도 중심의 예배가 되도록 하였다. 곧 하나님의 계시와 인간의 응답 행위로서의 본질과 말씀 중심과 성례전의 균형과 전체의 통일성과 연관성을 갖고 예배가 공동적이면서도 개인적인 뜨거운 심정이 포함될 수 있도록 하고 예배와 생활의 일치와 연장으로서 예배정신을 고려하여 모델을 작성하였다. 교회가 진정한 교회로 존재하려면 "개혁하는 교회"가 되어야 한다. 이것은 16세기 종교개혁자들의 교회 갱신을 위해서 내세운 표어였다. 당시 로마 가톨릭교회가 영위하고 있는 제도들이 낡은 데 있다기 보다는 교회가 그 제도들을 그리스도의 목적으로 사용하지 않는 데 있었다. 그래서 역사적으로 종교개혁자들의 근본개혁 의도는 신앙 전체 내용을 새로운 각도에서 파악하는데 있었다. 그리스도와 성령 안에서 하나님의 계시를 새롭게 이해하고 개인의 영혼이 새롭게 창조를 받을 수 있는 것은 그리스도와 직접적인 연합의 만남인 예배에 있다고 개혁한 것이 종교개혁이었다. 이 논문에서 한국교회 예배의 장점인 뜨거운 기도, 열심 있는 찬송, 헌신적인 감사, 열정적인 설교 등 많은 장점들을 가지고 있지만 단점만을 비판한 점은 더욱 성경으로 돌아가 종교개혁의 원리에 굳게 서 있는 교회로서 성숙되어 가자는 데 있는 것이다. 형식의 첨가보다는 말씀중심 예배로서, 들려지는 설교와 보이는 성찬의 실질을 회복하는 예배로 갱신되어야 한다.

한국교회 예배의 중추적인 장점들 몇 가지를 지적한다면 아래와 같다. 한국 개신교회 신도들의 예배와 그 생활에 있어서 가장 훌륭한 점은 "기도생활"이다. 쉬지 말고 기도하라(살전 5:17)는 사도 바울의 교훈과 예수 그리스도의 가르침을 따라 다양한 모임을 설정하고 있는 것은 한국 개신교회가 지닌 특성이다. 그리하여 한국 교회는 세계적으로 기도하는 교회로 알려져 왔고, 동시에 성장하는 교회로서 인정되어 왔다. 그 중 특히 주목을 끌어온 것은 새벽기도이다. 이 새벽기도는 한국 교회의 특유한 현상이요, 자랑이기도 하다. 자발적이고 규칙적인 새벽기도는 한국 교회의 발전과 예배 생활을 위하여 진귀한 활력소가 되어 왔다고 볼 수 있다. 그 중에서도 특히 열성을 다하는 교역자들의 기도생활은 괄목할만한 일이다. 그들은 기도를 통하여 영적 힘을 얻고, 말씀을 성실하게 증거하며, 교역을 수행하고 세상을 향해 나간다. 한국 교회의 성장과 부흥의 동력은 주안에서 항상 기도하는 교역자들의 진지한 생활과 신자들의 자랑스러운 헌신에 있다고 생각한다.

한국교회 예배에 있어서 또 다른 훌륭한 점은 감사하는 생활이다. 범사에 감사하는 생활(살전 5:17)은 한국 기독교인의 생동하는 신앙의 표현이요, 자랑할 만한 일이다. 이 감사의 표현은 무엇보다도 회중들이 바치는 헌금에서 잘 나타난다. 넉넉하지 못한 생활에서도 불구하고 십일조를 정성스럽게 바치고, 또한 감사헌금, 특별헌금, 건축헌금 등 후한 연보를 기쁨으로 드리면서 감사 생활을 계속하는 일은 참으로 아름다운 사랑과 충성스런 신앙의 표현이 아닐 수 없다.

기도와 감사 못지 않게 나타나는 훌륭한 예배 표현은 신도들이 열심히 찬송은 부르는 일이다. 뜨겁게 열정적으로 부르는 찬송은 그들의 신앙을 깊게 하여 주고 주님께 영광을 돌린다.

또한 교역자들의 성령이 충만하고 열정적으로, 뜨겁게 호소력 있는 설교는 듣는 회중들로 하여금 상한 심령으로 마음을 찢으며 자신을 바치도록 한다. 성령의 충만한 역사로서 하나님께 나아가 진정한 참회와 고백을 드리고 은혜로 인한 기쁨이 넘쳐 있는 모습은 예배 생활의 장점을 자부토록 한다. 그러나 지난 100여 년 동안 크게 성장해온 한국 교회는 예배 생활의 영역에서 이렇다 할 변화와 성장을 이룩해 놓지 못하였다. 그렇지만 앞으로 더 훌륭한 예배와 예배 생활을 증진시킬 수 있는 잠재력을 지니고 있다. 그러므로 한국 교회는 기독교 예배 보화를 재발견하였고, 예배의 갱신을 수립하기 위하여 우리 자신을 솔직하게 비판하고 반성하는 일은 새로운 미래의 도약을 위해 불가결한 과제인 것이다.

참고문헌

1. 국내문헌

김기현. "예배와 생활의 일치를 위한 교회 갱신". 목회학 박사학위 논문, 아세아연합신학대 학원. 1983.

김기홍. 「프린스톤 신학과 근본주의」 서울 : 창조성. 1988.

김기홍. 「천국의 기둥」 서울 : 두란노서원. 1989.

______ "복음주의 신앙과 사회 참여". 「아신」 제3집. 아세아연합신학대 학원. 1988.

______ "세 신앙 전통에 비춰 본 한국 교회 신학의 전망". 「성경과 신학」 제3권. 1986.

김득룡. 「현대교회 예배학 신강」 총신대 출판부.

김명혁. "복음주의의 역사". 「빛과 소금」 1989.5.

김성호. "예배의식의 토착화로의 접근". 「기독교 사상」 1979.9.

김소영. "예배와 생활". 「복된 말씀」 1975.7.

______ 「예배와 생활」 서울 : 대한기독교서회. 1974.

______ "교회력". 「월간목회」 1985.8.

______ "성서일과". 「월간목회」 1985.8.

______ "예배신학과 생활". 「월간목회」 1985.12.

김수학. 「개혁파 예배학」 대구: 보문출판사. 1982.

김이태. "예배와 신학". 「복된 말씀」 1975.7.

김재준. "한국의 재래종교와 그리스도". 「기독교사상 강좌」 제3집, 서울 : 대한기독교서회, 1963.

민경배. 「한국기독교회사」 서울: 대한기독교서회. 1973.

박근원. “교회력과 설교”.「세계와 선교」한국신학대학. 1978.

______ “예배갱신과 선교”.「복된 말씀」1976.2.3.

박은규.「예배의 재발견」서울: 대한기독교성회. 1988.

박창환. “어떤 예배를 드릴 것인가”.「기독교 사상」1979.2.

박춘길. “한국 교회와 성찬예식”.「기독교사상」1978.8.

배상길. “성령과 예배”.「현대목회」1986.6.

백천기. “공예배 의식 갱신에 관한 연구”. 목회학 박사학위 논문, 아세
　　　아연합신학대학원. 1984.

「서울신문」1983년 5월 14일자.

소의수. “한국 장로교회의 예배갱신 원리와 실제연구”. 목회학 박사학
　　　위 논문, 아세아연합신학대학원. 1986.

손석태. “성경공부를 통한 교회성장”.「아신」제3집. 아세아연합신한대
　　　학.1988.

유동식.「우리 주변의 종교」서울: 대한기독교서회. 1965.

______ 「한국무교의 역사와 구조」서울: 연세대학교 출판부. 1975.

이근삼 외. “개혁주의 예배원리”.「칼빈주의 특성과 강조점」엠마오. 1986.

이계준.「한국 교회와 하나님의 선교」서울: 전망사.

이성재. “예배를 위한 찬송가 선택의 바른 지침”.「월간목회」1982.9.

이상근.「마태복음 주해」서울: 대한예수교장로회 총회 교육부, 1982.

이유선. “교회 음악과 찬송가 역할”.「현대목회」1982.5.

이장식, “예배와 성만찬 예식”.「기독교 사상」1979.2.

이종윤편.「한국 교회의 종교개혁 」서울: 정음 출판사. 1983.

정규남. “구약에 있어서의 예배”.「성경과 신학. 1988.9.

정용섭.「교회갱신의 신학」서울: 기독교 서회. 1979.

______ “그리스도교 예배의 신학”.「기독교 사상」1978.12.

정장복. “예배를 다시 생각해 본다”. 목회자를 위한 10차 전문과정 강
　　　의안. 1981.5.25~28.

______ 「예배학개론」서울 : 종로서적출판주식회사. 1989.

______ “한국 교회 예전 형태 백년”.「기독교 사상」1984. 12

______ “예배순서의 재음미”.「기독교사상」1984.12

______ “예배의식에 대한 복음주의적 이해 ”.「성경과 신학」6권. 1988.9.

지원용. 「예배 의식문 해설」 서울: 콘콜디아사. 1965.

______ 「루터와 종교개혁」 배한국편. 서울: 컨콜디아사. 1972.

______ 「루터의 사상」 서울: 컨콜디아사. 1971.

조선출. 「그리스도교 대사전」 서울: 대한기독교서회. 1989.

정성구. "칼빈주의적 예배원리". 홍순우 목사 회갑기념문집. 1989.

최시원. "칼빈과 시편가의 전통". 「빛과 소금」 1987.2.

한철하. "요한 칼빈의 목회신학". 「아신」 제2집. 아세아연합신학대학, 1988.

홍치모. 「종교개혁사」 서울: 성광문화사, 1977.

「헌법」 기독교 대한성결교회. 대한예수교장로회 (통합, 합동, 고신).

2. 역서

「개혁주의 신앙고백집」 김의환 편역. 서울: 생명의 말씀사. 1984.

니젤, 윌헤름. 「칼빈의 신학」 이종성 역. 서울: 대한기독교서회. 1957.

레이번, 로버트 「예배학」 김달생외 2인 공역. 서울: 성광문화사. 1982.

압바, 레이몬드, 「기독교 예배의 이론과 실제」 허경삼역. 서울: 대한기
　　　독교서회 1981.

윌리암, 콜린 「교회」 이계준 역. 서울: 대한기독교서회. 1973.

윌리암슨 G. L 「웨스트 민스터 신앙고백서 강해 」 서울 : 한국개혁주의
　　　신행협회. 1980.

웨버, 로버트 「예배학」 김지찬역. 서울: 생명의 말씀사. 1988.

죤슨, 윌리온 T. 「복음적 예배의 이해」 정장복 역 서울: 대한예수교장로
　　　회 출판국. 1988.

지글러, 프랭크린 「예배학 원론」 정진황 역. 서울: 요단출판사 1981.

피터슨, 로버트 A. 「칼빈의 구원의 도리」 황영철 역. 서울: 풍만출판사 1987.

혼, 에드워드. 「교회력」 배한국 역. 서울: 컨콜디아사 1971.

3. 국외문헌

Allmen, J. J. Von Worship: It's Theology & Practice. New York Oxford
　　　Press, 1965

Bainton, R. H. The Reformation of the Sixteenth Century. Boston: Beacon Press 1952

Bratt, John H. The Heritaga of John Calvin. Grand Rapids: Eerdman Co.,1973

Brand, E. The Rite Thing Minneapolis: Augusburg Publishing House, 1950

Calvin, John. Institutes of the Christian Religion. vols. I − IV, ed. J. T. Mcneill, Philadelphia : The Westminster Press, 1967

Cullmann, Oscar. Early Christian Worship. London: SCM, 1962.

Davis, Horton. The Worship of the English Puritans. London : Dacre Press, 1976.

Ebeling, Gerhard. Luther:An Introduction to His Thought. Philadelphia:For tress Press, 1983.

Estep, W. R The Reformation and Protestanism. Texas : Carib Baptist Publications, 1983.

Gasper. R.C.D and Cuming, G.J.Prayers of the Eucharist, Early and Reformed. New York:Oxford, 1980.

Gleason, Elisabeth. G. Reform Thought in Sixteenth Century Italy. California Scholars Press, 1981.

Gohnson, George. "Calvinism and Worship" Evangelical Quaterly. IV Vils 1932. pp.380 − 81

Jones, Illion T. A Historical Approach to Evangelical Worship. New York: Abingdon Press, 1953.

Kettring Donald D. Steps Toward a Singing Church. Philadelphia: The Westminster Press, 1948.

Maxwell, William D. A History of Christian Worship Grand Rapids: Baker Book Houes, 1982.

Old, Hughes Oliphant. The Patristic Roots of Reformed Worship. Zurich:The ologischer Verlag Zurich, 1975.

Olin, John C. A Reformation Debate: Sadoleto's to Genevans and Calvin's Reply. Grand Rapids: Baker Book House, 1966.

Parker, T.H.L. The oracles of God. London: Lutt worth Press. 1974.

Phifer, Keneth G. A Protestand case for Liturgical Renewal. Philadelphia: Press, 1965.

Schaff, Philip. The Principle of Protestanism. Philadelphia: Unites Chruch Press, 1964.

Schroed, Frederic W. Worship in the Reformed Tradition. Boston: Unites Press, 1966.

Schwiebert. E. G. Luther and His Times. Missourie: Concordia Publishing House, 1950.

Turnbull, Ralph G. Dictionary of Practical Theology. Concordia Publishing House 1976.

Umderhill, Evelyn. Worship. New York: Harper and Brothers, 1957.

구금섭

▌약 력

대한신학교 제27회(현 안양대학교)
호남신학대학교(예장통합) 수학
서울신학대학교 졸업
University of the city of Manila(B.S)
아세아연합신학대학교 대학원 신학 석사(M.A)
호서대학교 대학원 신학과 수학(Th.M)
성산효대학원대학교 사회복지학 석사(M.S.W)
Fuller Theological Seminary 목회신학박사(D.Min)
국제신학대학원대학교 사회복지학 박사(D.S.W)

큰나무교회 담임목사
경서신학, 고려신학, 경인신학, 기독교대한성결교회 목회신학연구원(대학원) 출강
그리스도대학교 대학원, 한일장신대학교 사회복지학과 외래교수
서울신학대학교, 서울신학대학교 대학원 사회복지학과,
국제신학대학원대학교, 성산효대학원대학교 출강
현, 큰나무노인주간보호센터 시설장
　　　부천지방회장 역임
　　　서울신학대학교 기독교사회복지연구소 연구위원
　　　부천삼정복지회관 운영자문위원 역임
　　　기독교대한성결교회 가정예배서 집필위원
　　　기독교대한성결교회 102년차 총회서기 역임
　　　부천시 기독교총연합회 공동회장 역임
　　　서울신학대학교 개방이사 추천위원장 역임
　　　한국기독교총연합회 사회복지위원회 전문위원
　　　기독교대한성결교회 사회복지협의회 교수위원
　　　목회신학연구원 교수

▌주요논문 및 저서

『현대신학적 종말론 이해』(아세아신학사)
『낙방만세』(아세아신학사)
『구속사적 설교신학』(한국학술정보(주))
『요한웨슬레의 교회사회복지신학』(한국학술정보(주))
『로마서를 아십니까?』(한국학술정보(주))
『살리는 샘』(한국학술정보(주))
『성결교회 사회복지』(한국학술정보(주))
「Redemptive Historical Preaching on the Desirable Formation of a Theology of Ministry」
「한국 교회의 사회복지 참여에 영향을 미치는 요인에 관한 연구」
「종교개혁원리에 입각한 한국교회 예배갱신」
「John Wesley의 사회복지사상에 관한 연구」
「사회변화에 따른 효 윤리의 재고와 노인복지」
「사회복지와 Spirituality의 상관성」
외 다수

예배란 무엇인가

초판인쇄 | 2009년 6월 30일
초판발행 | 2009년 6월 30일

지은이 | 구금섭
펴낸이 | 채종준
펴낸곳 | 한국학술정보㈜
주 소 | 경기도 파주시 교하읍 문발리 파주출판문화정보산업단지 513-5
전 화 | 031) 908-3181(대표)
팩 스 | 031) 908-3189
홈페이지 | http://www.kstudy.com
E-mail | 출판사업부 publish@kstudy.com

등 록 | 제일산-115호(2000. 6. 19)
가 격 | 19,000원
ISBN (Paper Book)
       978-89-268-0108-6 98230 (e-Book)

내일을여는지식 은 시대와 시대의 지식을 이어 갑니다.